経営理念浸透のメカニズム

10年間の調査から見えた「わかちあい」の本質と実践

田中雅子 著
Masako Tanaka

中央経済社

ぜひお読みいただきたい「はしがき」

　拙著『ミッションマネジメントの理論と実践―経営理念の実現に向けて』を上梓したのは2006年のことである。当時，経営理念の浸透に関する研究は，ようやく俎上に載り始めた頃だった。先行研究が限られているなか，文献レビューだけでは「理念浸透」の断片しか掴むことができず，現場に出向いて，その実態を見聞きする必要があるとの想いから，理念が浸透していると公言されている企業の経営者へのインタビュー調査を実施した。

　対象となったのは6社である。分析していくなかで，先行研究では触れられることのなかった，理念浸透の方法と指針が見えてきたとき，経営の現場からいただいた発見事実は現場にお返ししたいという想いが浮かび上がった。そして，『ミッションマネジメントの理論と実践』を執筆した。

　しかし，執筆も終盤を迎えた頃，ある問いかけが頭をよぎるようになった。それは，経営者のインタビュー調査だけで，はたして理念浸透を語ることができるのかというものである。経営者が経営への熱い志や倫理観を持ち，それを組織の末端にまで浸透させようと努力をすることは，もちろん重要なことである。

　しかし，経営者とは立ち位置の違う成員が，ときに組織で働く不条理さや腹立たしさ等々を感じつつも，理念をいかに受けとめ自分のものにしていくのか，そこに焦点をあて，働く人々の意識や感情・現実に接近していかなければ，組織全体としての理念浸透は見えてこないのではないかという問題意識が生まれた。そこで，経営者だけではなく，管理者や若手にもインタビューを実施しようと思うに至ったのである。

　ところが，管理者にインタビューをしてみると，理念が浸透していると分析できない企業が現れ始めた。理念が浸透していると公言されている企業を対象としたのに，なぜなのか。それは想定外のことだった。

企業を取り囲む状況は日々変化している。めまぐるしく変動する経済や政治を背景に，グローバル化やダイバーシティ，高齢化や貧困化，大規模なM&Aや構造改革等，企業が今まで培ってきた基盤さえも揺るがしかねない状況が立ち現われている。

　そのようななか，本書が対象とした企業でも，経営者交代による幹部との軋轢や，部門間の連携の悪さ等が引き起こされていたのである。「会長のことは尊敬していたけれど，今の社長にはついていけない」という露骨な語りが出たこともあった。

　また，理念が浸透しないのは個人の意識の低さに起因する場合もある。本書が実施したインタビュー調査では，人選は当該企業に一存しており，組織を代表する成員が投入されるのが一般的である。そのなかにあって，意識の低い語りが出るとなれば，推して知るべしと言えるだろう。

　当初は，6社の企業の経営者から若手まで調査をすれば，かなりのボリュームになり，一般性を導出できるのではないかと考えていた。しかし，そんな想いは露と消え，ときに方向性を見失い，理念浸透はたやすいことではないことを，幾度となく痛感させられた。

　費やした年月は，2004年から2013年にわたる10年間，対象企業は6社，インタビューイは経営者から若手に至るまで30名，文字数にして約130万語の言葉を分析した。結果，各層において理念が浸透していると分析できる企業が2社残った。

　否，厳密に言うと1社である。ある1社は，経営者と管理者のインタビューは有効であったが，東日本大震災の影響を受け，2011年以降インタビューを中断せざるを得なくなるという事態に見舞われ，若手への調査は実現しなかった。さらに，本書が全調査を終えた翌年，MBO（Management Buyout：経営陣買収）をめぐり，創業者と経営陣の対立の構造が明らかになってしまった。揺れ動く当該企業は今，理念が浸透しているのか定かではない。

　このような経緯から，本書を執筆するにあたって，1社のみを対象とすべきか，2社とするのか，迷いに迷った。再度，録音したレコーダーを聞き直し，

テープ起こしをした原稿と，インタビューの際に取ったノートを読み続けた。そこには，各層が語った，会社や製品への想い，自分を育ててくれた上司への感謝，当該企業を選んだ理由等々，理念浸透の手がかりが散りばめられている。

2社を対象とすることで，本調査から得られた有効性が損なわれるのか，本書が出した答えはNOである。

理由は2つある。1つ目は，Peters and Waterman（1982）の『エクセレント・カンパニー』やCollins and Porras（1995）の『ビジョナリー・カンパニー』で，理念が浸透している企業の特徴として，相反する組織文化や逆説的な考え方を持っていることが挙げられていた。たとえば，カルトに近いきわめて同質的な文化を持っている半面，変化し前進し適応する能力があるというように陰と陽を抱き合わせた文化や，「ANDの才能」で逆説的な考え方を受け入れマネジメントに反映させるという発見である。それを理念が浸透している企業の1つのめやすとするならば，2社ともに該当するのである。

また，2社は業種も理念の内容も設立年度もまったく異なる企業であるにもかかわらず，似通ったところが多々見受けられた。組織文化も似ていたが，発言だけを見ていると，どちらの企業か判別がつかないものが多かった。つまり，理念が浸透していると最後まで分析できた企業と，同様の判断基準を満たしているのである。

2つ目に，途中で見送った企業は管理者の段階で理念が浸透していると分析できなくなったのに対し，経営者と管理者双方の発言から理念が浸透していることが確認できただけでなく，最終的に残った企業以上に，部下への理念浸透施策が語られており，そこからも学び得るものがあるという点である。以上のことから，有効性は担保できると考え，2社を対象に論じることとした。

また，もう1つ付け加えておかなければならないことがある。それは理念が浸透していると分析できなくなった企業があったからこそ，それが比較対象となり，理念が浸透している企業の特徴や差異を際立たせてくれたことである。

見送ったある企業の管理者は，面と向かって「ウチは今は理念は浸透していないと思う」と言った。そして，こう付け加えた。「理念が浸透しているよう

に，ごまかした発言もできなくはない。会社としてはそちらの方が，ありがたいだろう。しかし，それでは先生の研究がウソのものになってしまう，だから本当のことを言う」と。

　研究のために現場に足を運ぶことは，研究者にとっては，ありがたいことでもあり，時として都合のよいことでもある。仮説の検証をするために，ほしい一面だけを確認すべく現場に行く，そういうケースもあるかもしれない。反面，受ける企業はどうか。一研究者の研究につきあうことなど，多くの場合，企業にとってほとんどメリットはない。利益が生み出されるわけでも，格段のPRになるわけでもなく，それは社会貢献以外の何ものでもないだろう。そのうえ，研究の重要性を察して，真実が語られたとするならば，見送った企業から何を学び，何を伝えることができるのか，それは筆者に課せられた使命だと，その言葉を重く受け止めた。

　このような経緯もあり，本書にはささやかながらエールも込められている。それは先行研究が触れることのなかった発見事実をいただけた感謝であり，健やかで活気ある経営を，再び実践していただきたいとの願いでもある。

　経営は生ものであり，理念浸透はたやすいものではない。それを幾度となく突き付けられた10年だった。

　本書は，「個人が理念を理解していく」プロセスを体系的に検討し，再現可能なモデルを提示するだけでなく，経営者から若手に至る語りを分析しながら，「理念を浸透させる」考え方や施策・方法も明らかにしている。本書をお読みいただければ，現場でも研究でも，参考にしていただける理念浸透に関する情報が凝縮されていると確信している。

　本書は，多くの方々から『ミッションマネジメントの理論と実践』の第2弾をというお声をいただき，それに背中を押される形で執筆したものである。タイトルは『経営理念浸透のメカニズム』としたが，前作の流れを汲んでいるだけでなく，前作以上に「経営理念」に特化した内容となっている。

　感謝申し上げたい方は数多くいるが，特にインタビューを受けてくださった

企業に心から感謝の意を表したい。お話しいただいた内容は決して筆者が経験でき得るものではなく，いくつもの職業人生に触れることができたし，参与観察として実際に，仕事の現場や研修，懇親会等に参加したり，社内食堂や談話室で食事ができたことは疑似体験となり，これらから多くの発見事実がもたらされた。10年にも及ぶなか，好意的に対応をしてくださった経営者，広報のご担当者およびインタビューイの方々のおかげで，一冊の本にすることができたと深謝している。

　また，前作に引き続き編集と構成をお世話いただいた株式会社中央経済社の市田由紀子氏と，ご尽力いただいた関係各位に，心より御礼申し上げる。信頼する市田氏と再び作品作りに取り組めたことは喜びであり励みとなった。

　多くの方々からいただいたご厚意と発見事実を，経営者やビジネスマンの方々，および研究者に広く還元できれば本望である。

2016年8月

　　　　　　　　　　　　　　　　　奈良・東生駒の研究室にて
　　　　　　　　　　　　　　　　　　　　田　中　雅　子

＊本書は，文部科学省科学研究費補助金研究（基盤研究（C））「企業組織全体における理念浸透のプロセスと施策」（22530387）の助成を受けた。

目　次

ぜひお読みいただきたい「はしがき」　i

プロローグ ———————————————————— 1
1　学術的・実務的問題意識 ———————————————— 1
2　本書の目的 ———————————————————————— 4
3　本書の特長 ———————————————————————— 4
(1)　日本企業で経営理念を浸透させるための「すべ」がわかる
　　——理解する視点と浸透させる視点　4
(2)　企業調査がもととなっているため実践的である　5
(3)　学術性と実務性の融合　5
4　本書の構成 ———————————————————————— 6

第1章　経営理念と先行研究概観　9

1　経営理念は「わかちあい」———————————————— 9
2　本書の言葉の使い分け ———————————————————— 11
3　経営理念の本質 —————————————————————— 11
(1)　定　義　11
(2)　呼称と階層性　13
(3)　機能・効果　16
(4)　文言と変遷　18
4　経営理念浸透研究の発展と問題意識 ————————————— 21
(1)　先行研究と問題意識　21
(2)　明らかにしたいこと　25
(3)　フレームワークと追求すべき具体的課題　27

第2章 若手成員の経営理念浸透 ——進化のプロセス　39

1　調査概要 ——————————————————— 39
　(1)　調査対象企業・インタビューイの選択と研究の経緯　39
　(2)　調査方法　41
　(3)　質問項目　41
　(4)　調査目的　42
　(5)　留意点　42
　(6)　経営理念浸透の判断基準　43

2　結果と分析 ——————————————————— 45
　(1)　インタビューイの構成　45
　(2)　就職活動時と経営理念　45
　(3)　入社後——主観的解釈と客観的解釈　46
　(4)　他者の期待・支援と行動への反映　56
　(5)　全体的な流れや他部門の動きを知ることの必要性　58
　(6)　発見事実の要約　59
　(7)　3つのモデルとの照合　61

第3章 管理者の経営理念浸透 ——深化のプロセス　65

1　インタビューイの構成 ————————————————— 65
2　ある管理者の職業人生と経営理念浸透 ————————— 66
3　結果と分析 ——————————————————— 71
　(1)　転機となる経験　71
　(2)　部下対応　74
　(3)　観察学習　77
4　発見事実の要約と3つのモデルとの照合 ————————— 83

(1)　転機となる経験　83
　　　(2)　部下対応　84
　　　(3)　観察学習　84

第4章　経営者・役員の経営理念浸透
――一体化・定着化のプロセス　87

　1　役員の経営理念浸透 ───────────────── 87
　　　(1)　インタビューイの構成　87
　　　(2)　結果と分析　88
　2　経営者の経営理念浸透 ───────────────── 94
　　　(1)　インタビューイの構成　94
　　　(2)　結果と分析　94
　3　発見事実の要約と3つのモデルとの照合 ─────── 101

第5章　発見事実の要約と考察
――モデル構築　103

　1　3つのモデル ──────────────────── 103
　　　(1)　強い文化モデル　103
　　　(2)　観察学習モデル　105
　　　(3)　意味生成モデル　108
　2　「個人の経営理念浸透プロセス」のモデル構築 ─── 109
　3　「経営理念の浸透レベル」のモデル構築 ─────── 111

第6章　経営理念を浸透させる仕組み・考え方　121

　1　先行研究に見る経営者・管理者の重要性 ─────── 121

2　結果と分析 ———————————————————— 124
- (1) コミュニケーション・言い伝え　124
- (2) 部下のために行動を起こす―仕組みづくり　134
- (3) 何がモデルケースになるのか　141
- (4) 「社会的適応の原理」の視点　142
- (5) 経営理念の構造・内容表現　145
- (6) 発見事実の要約と考察　147
- (7) 組織文化の特徴　149

第7章　経営理念浸透に向けた提案　　161

1　はじめに ———————————————————— 161
2　提案―「わかちあい」のために ———————————— 162
- (1) 経営理念の文言の重要性　162
- (2) 経営理念浸透プロセスの核となる経験　167
- (3) 経営者に求められるノウブレス・オブリージュ　169
- (4) 部下を支援できる管理者は何が違うのか　170
- (5) 新人・若手の経営理念の理解を進めるためには　173
- (6) 効果の上がる経営理念研修とは　176
- (7) 金太郎飴になるのなら経営理念浸透ではない　180
- (8) 就活の面接は組織文化を伝える場　182
- (9) 経営理念浸透のめやす　183
- (10) 経営理念浸透は「人」―個の確立とチーム力　184

エピローグ ———————————————————————— 193

参考文献　196
索　引　208

プロローグ

　本書の全体像を明らかにするために，経営理念の浸透に関して，学術的・実務的，両視点から問題意識を述べたうえで，それをもとに本書の目的と特長を提示し，概略を簡潔に述べる。

1　学術的・実務的問題意識

　近年，「理念経営」という言葉が，しばしば聞かれるようになってきた。筆者が経営理念の研究に取り掛かった2000年代前半では考えられないことである。バブル経済崩壊後，失われた20年とまで言われた長引く不況を背景に，企業はこれまでのあり方をあらためて問いかけるようになったであろうし，2011年に起こった東日本大震災は，生きる意味やあり方を日本人に問いかけた。
　閉塞感を伴ったさまざまな環境は，合理性をベースにした市場原理主義による経営の視点から，企業はなんのためにあるのか，人はなぜ生きるのかといった存在意義や価値創造に立ち入ることを要請し，企業の根幹である理念にも焦点があたるようになってきたのだろう。また，時を同じくして，経営理念の浸透に関する研究も確実に前進をしてきた。
　「理念浸透」の重要性が認識されだしたことは，健全な組織構築において好ましいことであるが，反面，疑問を感じることもある。学術的・実務的両視点から以下に3点を述べたい。
　まず，先に挙げた「理念経営」という言葉が，正しく理解，使用されているのかという点である。たとえば，「ウチの会社は皆が生き生きと仕事をしているんですよ。これって理念経営ですよね」というような発言を聞くことがある。

成員が生き生きと仕事をしていることは，理念浸透の一面ではあっても，すべてではない。それだけで理念経営と言い切れるほど，理念浸透はたやすいものではない。

　企業はサークルでもなければ，仲良しクラブでもなく，社会に対して責任を請け負う「社会の公器」である。成員が喜んで働くだけでなく，ステークホルダーの調和，経営の透明性，環境保護，雇用問題等，時代の要請を踏まえながら，社会に対して使命を全うしていく必要がある。その際の軸として，はたして理念が機能しているのか，それも忘れてはならない視点である。

　つまり，理念浸透を一側面から楽観的にとらえすぎていて，理念が浸透しているような錯覚に陥っている人，あるいは企業が結構あるような気がしてならない。言葉を換えれば，理念浸透とは何か，その理解がまだ十分に行き渡っていないと考えられる。これは理念浸透の定義や考え方を，十分に伝えてこなかった研究者の責任であるかもしれない。

　2点目であるが，既存の書籍や研究の内容では，理念浸透をわが身に置き換えにくいという点である。

　まず既存の書籍は，「理念を浸透させる」という上意下達的な視点のものが大半を占めている。『エクセレント・カンパニー』しかり，『ビジョナリー・カンパニー』しかり，著名経営者が執筆した書籍もそうである。そこでは壮大な組織行動の提示のもと，理念の重要性について強く主張をされている。しかし，その成功ぶりを知ることはできても，働く一人ひとりが実践に移すことができる内容になっているのかと言われれば疑問が残る。

　また，わが国における理念浸透研究の大半は，定量的研究に偏っている傾向がある。大量のサンプルから定型的なデータを導出し，数量的に事実を把握する定量的調査は，客観性や一般化を図る点において説得力の高いアプローチである。とりわけ仮説を検証する際には，その優位性を発揮するだろう。

　しかし，定量的アプローチでは，現場のリアリティを反映させた，働く人々から見ても「腑に落ちる」現実に迫ることはむずかしい。また，既存の理論やモデルのバイアスを受けずに，先行研究では触れられることのなかった発見事

実を導出することも困難である。

　加護野(1988)[1]は，今までの日本の経営学者の研究のあり方を振り返り，「経営学は，実践的な学問である。それはたんに現実を説明するだけではなく，現実の経営の改善に資するものでなければならない。経営学者はこれまで，『日常の理論』に代わるより普遍的で体系的な理論を展開することによって，その期待に応えようとしてきた」

　このように述べ，実務家の「日常の理論」に焦点をあわせ，それが組織のなかで演じている役割や，その生成・修正，発展を分析することの必要性を説いている。

　理念浸透を実際に目指す経営者や管理者にとって知りたいことは「いかにすれば」であり，読んだ後に今後の方針が得られ，それを実行に移せることであろう。つまり，他社の事例のなかに，自社あるいは自身を重ね合わせ，問題を見い出したり，解決の糸口となるような示唆のある内容が望まれるのではないか。

　とするならば，定性的調査をもとに，働く一人ひとりが「理念を自分のもの」にしていく「ダイナミックなプロセス」を解明することで，それに応えることができるはずである。と同時に，組織に理念が行き渡るためには，組織としての仕かけや施策が必要になってくる。それら両者を抱き合わせて論じることで，より現実的な理念浸透の実際を提示できるのではないかと考えた。

　3点目は，学術書とビジネス書，それぞれの限界である。学術書はどうしても理論先行となりやすいため，理論としては秀逸ではあるものの，そこで論じられている知識が現場では使いにくかったり，どのように使えばよいのかが，わかりづらい。

　半面，ビジネス書では方法論が明確に提示されており，実践的ではあるものの，それがどのような背景のもとに生み出されたのか，また，はたして有効なのかが検証されていないものも多く，正当性が担保されないという問題がある。

　このように学術書もビジネス書も，それぞれ長所と短所があるが，その限界を超えることができないものか。学術的裏づけがありつつも，具体例が豊富で

実践的に役立つ。読み物として難解でなく，学術的知識も身につく。そのような書籍があればどんなにいいだろうと考えた。

2　本書の目的

これらの問題意識を背景に，本書が明らかにしたいことは，次のとおりである（詳細は第1章4(2)参照）。
① 経営者から若手に至るまで，各層における個人が「理念を理解する」プロセスを明らかにし，モデル構築を行う。
② 組織に「理念を浸透させる」施策や考え方を明らかにする。
③ 「経営理念の浸透レベル」の精緻化を図る。

3　本書の特長

本書には次のような特長がある。

(1) 日本企業で経営理念を浸透させるための「すべ」がわかる
　　──理解する視点と浸透させる視点

本書では，理念浸透を「共有」「わかちあい」ととらえている。そのため，若手から経営者に至るまで，階層ごとにインタビュー調査を実施し，それをもとに，個人が理念を理解するメカニズムを明らかにした。若手には若手の，管理者には管理者なりの理念を理解する独特のプロセスがあることを明示することで，働くうえで重要となるものや，組織に求められる心がけや提供すべきことがらを浮かび上がらせた。

また，それだけにとどまらず，理念浸透施策も併せて検討している。そこでは経営者と管理者がとっている浸透施策を，可能な限り部下の語りに照らし合わせて検証したり，部下としての管理者・若手の言葉から理念の理解に役立つと思われることがらを抽出した。そして，どのようなリーダーシップや施策を

講じれば理念浸透が進むのかを具体的に展開した。

このように，理念を「理解する視点」と「浸透させる視点」の双方を包括して論じた書籍はいまだ見当たらず，立場や視点を変えて読み進めることができるようになっている。

(2) 企業調査がもととなっているため実践的である

本書は，企業へ継続的に実施した10年間の調査がベースとなっている。当初は対象企業が6社であったが，その後インタビューをし続けるなかで，理念が浸透していると分析できなくなった企業は，調査から省くという手順を踏んだ。その結果，最終的に残った2社の調査結果がもととなっている。

理念浸透に関する研究は確実に前進してきてはいるものの，企業を対象に，経営者から若手に至るまで調査を実施した研究は見当たらない[2]。そのため，仮説発見型のスタイルをとっており，先行研究では触れられることのなかった，多くの新たな発見事実を導出することができたと思っている。

このように企業への調査がもととなっているため，実務家には実際に職場に持ち帰っていただける，現場に即した実践的な内容となっている。また，研究者には理念浸透研究の新たな視座が提供できると考えている。

(3) 学術性と実務性の融合

本書は，現場で使える知識を提供する「実践的学術書」を目指した。フィールドは現場であるが，筆者の経験やカンに頼った方法論は示していない。あくまでインタビュー調査から導出された発見事実を，先行研究に照らし合わせて分析を行い，その正当性や有効性を担保するよう努めた。最終章である第7章では，理念が浸透するための施策や考え方を提案しているが，それも調査の結果をもとに検討したものである。

本書では，読み物として読みたい読者には本文だけをお読みいただけるよう，本文では極力学術的な表記や表現は避け，読み物としての性質を強めるよう配慮をした。研究としてお読みいただく読者には，章末の注もあわせて参照して

いただけると，研究や調査の詳細が記述されている。

4　本書の構成

　本書の構成は以下のとおりである。
　本書は大きく分けて3つのパートから構成されている。
　まず，第1パートは第1章である。第1章では，「文献研究」をもとに理念について論じている。第2パートは，第2章から第6章である。ここでは「フィールドリサーチ」をもとに，個人が「理念を理解する」プロセスを検討すると同時に，組織に「理念を浸透させる」ための取り組みや考え方を紹介している。第3パートは第7章である。この章では第1章から第6章まで検討してきたことを総合して，実際の現場へ適用するための「提案」を行っている。各章を具体的に解説すると次のようになる。
　第1章では，理念浸透のもととなる経営理念を，本書にとり必要な範囲で考察する。経営理念は「文言」であり，この文言を浸透させることが「理念浸透」であると考えられるので，理念の「文言」と関連性のある，「定義」「呼称と階層性」「機能・効果」「内容表現の変遷」について，浸透の視点を持ち込みながら解説する。その後，これまでの経営理念浸透研究の経緯を概観し，不足点や問題意識，本調査のフレームワーク（「強い文化モデル」「観察学習モデル」「意味生成モデル」）を示すなかで，本書が明らかにしたいことと，追求すべき具体的課題を提示する。
　第2章は「若手編」である。まず，全体の調査概要を述べた後，「若手成員」が理念を解釈・理解していくプロセスを検討する。キーワードとなるのは「主観的解釈」と「客観的解釈」である。前者は，若手が理念に独自に見い出している意味を，シンボルとなるモデルをもとに解釈するプロセスであり，後者は組織という社会的な視点を取り込みながら，部門・職務ミッションを解釈するプロセスである。これらが統合することにより，若手の理念の理解は進化していくが，それを明らかにしていく。

第3章は,「管理者編」である。まず,ある管理者の今まで歩いてきたキャリアを紹介する。それはそのなかに,理念の理解を深化させる要素が散りばめられているからである。それを踏まえ,その後分析に入るが,管理者の理念の理解を深化させるものは,①転機となる経験,②部下対応,③観察学習の3点に集約できることが明らかになった。管理者はキャリアを振り返ったり,そこからの学びを現在に活かしたりと,キャリアを行きつ戻りつしながら,理念の理解を深めていくのであるが,そのプロセスを具体的に検討する。

　第4章は,「経営者・役員編」である。経営者や役員というと,理念がすっかり自分のものになっている印象がある。しかし,トップマネジメントであっても,「観察学習」や「強い文化」が生きていることが明らかになった。また,若手や管理者において確認することができなかった,「議論」の有効性がここで初めて登場する。経営者と役員にとり,理念はどのような役割を果たし,マネジメントにいかに影響を与えているのかを検討する。

　第5章は,経営者から若手までの分析結果をもとに総括を行う。まず,本調査の理論枠として提示した,3つのモデルである「強い文化モデル」「観察学習モデル」「意味生成モデル」が,各層においていかに有効なのかを,考察を加えながら要約する。次に,得られた発見事実をもとに本書の目的の1つである「個人の経営理念浸透プロセス」をモデル化する。また,そのモデルに基づきながら,本書の2つ目の目的である「経営理念の浸透レベル」を段階化,可視化することを試みる。

　第6章では,経営者や管理者が,組織にいかに「理念を浸透させよう」としているのかを検討する。明らかになったことは,経営者・管理者ともに,①コミュニケーション・言い伝えと,②仕組みづくりを行っていることだった。

　ただ,これらは先行研究をもとに部下対応に焦点をあて検討したため,その大半が経営理念の機能である「企業内統合の原理」に対応している。しかし,理念浸透を図るうえでは,「社会的適応の原理」が機能していることも肝要である。そこで,それに対して,どのような考え方や施策が講じられているのかを,部下対応の視点を交えながら明らかにする。

また，理念浸透の側面的な要素として，理念の構造・内容表現の重要性と，理念が浸透した結果，生み出される組織文化についても併せて考察する。

　第7章では，今まで検討してきた「個人が理念を理解する視点」と，「理念を浸透させる視点」を包括して，そこからどのような学びや指針が得られ，実際の現場でどう活かしていけばよいのかを「提案」する。提案は単に理念浸透のための解決策を示すのではなく，「わかちあい」の視点から，それぞれの背景に流れる本質的な考え方に焦点をあて述べていく。

　エピローグでは，本書の研究の限界を指摘したうえで，残された課題と今後の展望について示す。

　このように各章は，インタビュー調査から得られた発見事実と文献研究に基づき論じている。また，理念浸透の輪郭が掴めるように，第1章から第7章までストーリー性を持たせ，論理的な流れに沿って構成をした。

　しかし，興味のある章から読み始めても内容が理解できるよう，各章はそれぞれ1つの単位としてまとめるようにしたので（たとえば，注の文献も各章を1つの単位としている），どこから読むかは読者に委ねたい。

■注
1　加護野忠男（1988）『組織認識論―企業における創造と革新の研究』千倉書房，p.7。
2　金井壽宏・松岡久美・藤本哲（1997）「コープこうべにおける『愛と協同』の理念の浸透―組織の基本価値が末端にまで浸透するメカニズムの探求」『組織科学』第31巻第2号，pp.29-39がある。しかし，対象は生活協同組合であり，企業ではない。また，調査期間も2か月と短期間である。

第1章
経営理念と先行研究概観

　第1章では、理念浸透のもととなる経営理念を、本書にとり必要な範囲で考察する。経営理念は「文言」であり、この文言を浸透させることが「理念浸透」であると考えられるので、理念の「文言」と関連性のある、「定義」「呼称と階層性」「機能・効果」「内容表現の変遷」について、浸透の視点を持ち込みながら解説する。その後、これまでの経営理念浸透研究の経緯を概観し、不足点や問題意識、本調査のフレームワーク（「強い文化モデル」「観察学習モデル」「意味生成モデル」）を示すなかで、本書が明らかにしたいことと、追求すべき具体的課題を提示する。

1　経営理念は「わかちあい」

　近年、多くの企業において経営理念への取り組みが実施されている。東証一部上場企業の74.7％の企業が、自社の経営理念をホームページなどで公開[1]しているし、雑誌や新聞でも特集が組まれたり、就活の際も諸条件だけでなく、理念を見ることの必要性を謳った広告も目にするようになってきた。

　1970年代の理念研究の第一人者である高田（1978）は、理念は「目に見えないもの」であるが、「目に見えるもの」に影響を与えることを主張[2]した。伊丹（1986）は「理念は人を動かす。『正しいことをしている』という感覚を組織の人々が持つとき、組織に命が吹き込まれる」[3]と言い、野中（2012）は理念が「成員にとって心理的な充足感や豊かな世界観の形成につながり、組織の求心力を高めることができる」[4]と言う。日本の研究者は、このように従来から、理念に対して肯定的な解釈をしている。理念浸透に関する研究の多くが、わが国

の研究者によって行われていることも,このことと無関係ではないだろう。

　経営理念を考えるとき,「文化構造」「経済過程」「組織」との関係でとらえることが必要だと中川（1981）[5]は言う。「文化構造」とはそれぞれの社会に固有な思考・行動様式を規定しているものであり,「経済過程」とはそれぞれの社会の工業化の経済的過程の歴史的特質,「組織」とは企業の組織的・制度的側面のことを言う。

　これに従えば,日本企業の経営理念は,ボトムアップ型のマネジメントやチームワークで成果を出す,ジャパニーズマネジメントスタイルをもとに,品質へのこだわりや,人間関係を重視する姿勢[6],勤勉な勤務態度等,日本人が本来持っている価値観が,文言の奥に込められている[7]。とするならば,経営理念とは,日本企業において脈々と培われてきた強みやアイデンティティであり,さまざまな可能性を生み出すものと言うことができる。

　また,先行研究が示すように,理念が成員という目に見えるものに影響を与え,正しさや心理的な充足感をもたらすものであるとするならば,少なくとも日本企業の理念浸透とは,カリスマ的なリーダー一人に成否を委ねるものではなく,ファンダメンタルな価値観や,その背景に流れているコンテクストを,一人ひとりが「わかちあう」こと,「共有」しあうことによって進んでいくものと,とらえるのが自然であろう。

　とは言え,理念の浸透はたやすいことではないことが,今までにも指摘されてきた[8]。たとえば,わが国において,経営者・管理者は,理念を重要である,あるいは役立っていると感じているものの[9],経営者側と成員との間には,理念に対する受けとめ方に大きなギャップがあることや,末端層までの浸透の度合いは芳しくない結果[10]が,報告され続けている。

　頭でその重要性を認識していることと,理念浸透の実際は必ずしも符合せず,浸透させるには,成員が理念と向き合うことができる,仕かけや施策等が必要となることがわかる。つまり,理念は存在することに意味があるのではなく,「実践と結びついた哲学」[11]であることが求められるのだ。

　ではいかにすれば,実践と結びつくのか。本書では,この「実践」にこだわ

り,「理念を理解する」視点と「浸透させる」視点の双方を抱き合わせて,理念浸透のメカニズムを検討する。

まず,理念浸透のもととなる「経営理念」を,本書にとり必要な範囲で概観することから始めよう。経営理念は「文言」であり,それを浸透させることが「理念浸透」である。そのため,文言と関連性のある「定義」「呼称と階層性」「機能・効果」「内容表現の変遷」の4点について,浸透の視点を持ち込みながら検討する。

2 本書の言葉の使い分け

本書がこれから頻繁に使用する言葉が,いくつかある。本書なりに使い分けを行っているため,本題に入る前に,そのとらえ方を明示したい。

まず本書では,理念の「文言」と「内容表現」を使い分けている。「文言」は理念の言葉全体そのものを指し,「内容表現」はどのような内容なのか,いかに表現されているのかを指している。たとえば「お客様のために」という理念の場合,「文言」は「お客様のために」であり,「内容表現」は「顧客」に関する内容が,抽象的に表現されているというとらえ方である。

また,「解釈」と「理解」の用語を使い分けている。国語辞典[12]では,「解釈」に言葉の意味を理解すること,「理解」はわけがわかること,のみこむこと,正しく受け取ることとなっている。ここから「解釈」は頭でわかること,「理解」は頭でわかるだけでなく,実際にそれが行動に反映できることという,とらえ方をしている。

3 経営理念の本質

(1) 定 義

経営理念とは何か。理念の定義を整理[13]する際に,①それは誰のものかとい

う「主体」の問題，②成文化を必要条件とするかという「公表性の有無」，③言い換えられている用語の3点がポイント[14]になると言う。

その視点で研究者の定義を見てみよう。まず，主体であるが，1970年代の研究者が，経営者ととらえているのに対し，1980年代以降は，経営者と組織体，あるいは組織体と考えられている。

それに伴い，理念の意味（言い換えられている用語）も少しずつ変わってきている。理念の主体が経営者ととらえられていた70年代は，経営者の「指導原理」と見る傾向があった。ところが，主体に組織体を含むようになってきた80〜90年代は，「価値観」「行動指針」「指導原理」となり，2000年代以降は，概ね理念を「組織の信念や価値観」ととらえ，「指導原理」はほぼ見られなくなってきた[15]。

「信念や価値観」である以上，理念は単に経営方法についての経験や考え方，数値やデータではなく，それ以上の強い使命感や確信を意味している[16]ものであり，企業の短期の目標や計画・方針などとは区別されるべきもの[17]と考えるのが妥当だろう。換言すれば，理念とはなんのためにこの企業が存在し，どのような価値を提供しようとしているのか，また，ステークホルダーに対してどのような姿勢で臨もうとしているのかといった，企業の「揺るぎない志」が表明されている必要があると言える。

公表性に関しては，1970年代に「公表」[18]や「明文化」[19]を含む定義が登場するが，それ以降はほとんど見受けられず[20]，2000年代になって，再びそれを必要条件としたものが見られるようになってくる[21]。

また，定義に「浸透」の視点が持ち込まれるのは，2000年代以降である。「根付く」（2002年）[22]，「体現」（2006年）[23]，「共有」（2008年）[24]といった言葉を含むものが，立て続けに登場する。浸透の視点が持ち込まれてしまえば，それは「状態」であり，定義とは別物であるという指摘もあるだろう。しかし，浸透してこその理念であるというとらえ方がされているとも考えることができ，2000年代以降の一つの潮流という見方ができる[25]。

ただ，それ以前も浸透の必要性は主張されている。定義には明示されていな

いが，それが顕著に見い出せるのが，梅澤（1994）[26]であろう。梅澤は「経営者の経営信条が，経営者個人の思想というにとどまらず，組織としての思想体系にまで昇華されると，経営理念というものになる」「経営者個人の経営信条を，多くの社員が『常に体得し，実践の指針』としたときに，これは組織体としての思想体系となる」というように，「昇華」「体得」「実践」という言葉を使い，理念を説明している。

このように，理念のとらえ方は「経営者のもの」から「組織体のもの」へと，また，「静態」から「動態」へと移り変わり，現在では浸透の視点を持ち込んだ定義も見られるようになってきた。つまり，理念は単に経営者の抱く信念や価値観にとどまらず，それが成員に受け入れられ，実践されることが不可欠であるという考え方が，今や定義のベースになってきたと言えるだろう。

以上より，本書では経営理念を「社内外に公表された，経営者および組織体の，明確な信念・価値観・行動規範」と定義し，この先議論を進めたい。

◆ 図表1－1 ◆　経営理念の定義の変遷

年　代	経営理念の定義	代表的な研究者
1970	■経営者の信念，指導原理 ■公表，明文化を定義に含むものもある	中川（1972），北野（1972），高田（1978）
1980～1990	■経営者および組織体の価値観，行動規範，指導原理 ■公表について論考では言及されるが定義には反映されず	鳥羽・浅野（1984），浅野（1991），水谷内（1992），梅澤（1994），奥村（1994）
2000～現在	■1980～1990年代の定義に「公表」が付加。ただし，「指導原理」という定義はほとんど見られなくなる。「価値観」，「信念」が主流 ■「根付く」「体現」「共有」といった浸透の視点を含むものも登場	松田（2002），田中（2006），瀬戸（2008），高（2010），高尾（2010），横川（2010）

注：「定義」を軸に年代の特徴を表している研究者を列挙している。例外もある。
出所：筆者作成。

(2) 呼称と階層性

経営理念という言葉は，さまざまな言葉をもって同義に使用されている。たとえば，企業理念，基本理念，社是，社訓，綱領，経営方針，経営指針，企業目的，企業目標，企業使命，根本精神，信条，理想，ビジョン，誓い，規，モットー，めざすべき企業像，事業成功の秘訣，事業領域，行動指針，行動基準，スローガンなどである[27]。

このように，経営理念のとらえ方は千差万別であり，企業によっても呼称は著しく多様である。なぜ多様なのか。その理由の1つとして，理念が階層性を有している[28]ことが挙げられるだろう。奥村（1994）[29]は，理念の階層性について，①会社の使命や存在意義についての経営理念，②これを具体化し実効あらしめる経営方針，③社員の行動を指示する行動指針，が並べられており，理想としての上位概念から，実践原則としての下位概念に至る階層が構成されていると説明する。

たとえば，資生堂では，グループ理念として，Our Mission，Our Values，

◆ 図表1－2 ◆ 資生堂グループの経営理念（3階層型）

Our Mission	：	私たちは，多くの人々との出会いを通じて，新しく深みのある価値を発見し，美しい生活文化を創造します
Our Values	：	伝統は，優位を築く基となり 多様性は，人材と組織を強め そして革新こそが成長を生み出します
Our Way	：	お客さまとともに 取引先とともに 社員とともに 株主とともに 社会・地球とともに

出所：資生堂HP（http://www.shiseidogroup.jp/company/principle/）をもとに筆者作成。

Our Wayが制定されており，3階層構造となっている。Our Missionでは企業使命と事業領域が，Our ValuesではOur Missionを実現するための心がまえが，Our WayではOur Missionを実現するための行動指針が表明されている。

このように，階層性を有しているため，それぞれの呼称に違いが生じるのである。

そのうえ，各社，階層ごとにさまざまな用語が用いられている（図表1－3参照）。たとえば，大塚ホールディングスは「企業理念」のみ（単層型），イオンは「基本理念－宣言」（2階層型），本田技研は「基本理念－社是－運営方針」（3階層型），味の素は「理念－Way－行動規範－ビジョン」（4階層型)[30]というように，呼称は階層の数だけ，会社ごとにその組み合わせがあり，バリエーションは計り知れない。

また，理念が階層性を有していることは呼称だけに留まらず，理念そのものをわかりづらくし，次のような問題が起こることも考えられる。

① 盛り込まれるキーワードの数や表現が，階層を成すほどに増えていき，

◆ 図表1－3 ◆ 経営理念の呼称と階層一例

階　層	呼　称（企業名）
単層型	■企業理念（大塚ホールディングス） ■企業理念（ジャパネット）
2階層型	■基本理念―宣言（イオン） ■経営理念―行動指針（住友林業） ■スローガン―理念（ダイハツ工業）
3階層型	■基本理念―社是―運営方針（本田技研工業） ■目指す姿―宣言―社是（大阪ガス） ■スピリッツ（私たちの精神・姿勢）―ブランドステートメント（私たちの約束）―ミッション（私たちの使命）（クボタ）
4階層型	■理念―Way―行動規範―ビジョン（味の素） ■経営理念―経営ビジョン―ブランド・ステートメント・行動基準（東芝）

出所：HPをもとに筆者作成。

記憶することすらむずかしい。そのため，すべてをたやすく実行に移すことができない。
② どの層を理念ととらえるかが各人にとって異なる。ベクトルを合わすはずの理念が，共通認識とならず，ずれが生じる。
③ 階層ごとに理解と実践が求められることになるが，たとえば行動指針は理解できるが，経営理念の３つ目の文言は実践できているかどうかわからないというように，階層間に混乱が生じる。

このように，上位概念を，具体的・実践的に表現しているはずの下位概念が，何層にも重なり合うことで複雑になり，理念がわかりづらくなる可能性があるというのは皮肉なことである[31]。

(3) 機能・効果

理念は組織の価値体系を築いていくが，それが経営活動になんらかの効果を及ぼすからこそ意義がある。それはどのようなものか。以下は，経営理念の機能・効果を示したものであるが，先行研究[32]に筆者の若干の考え方や説明を加味して整理している。

① 企業内統合の原理[33]
企業の内部に対する機能・効果のこと。

1）成員統合機能……バックボーン機能と，一体感を醸成する機能に分類できる。
　a　バックボーン機能
　・組織の人々が行動をとり判断するときの指針を与える機能。
　・倫理観や道徳観を教える機能。
　　→たとえば，企業が危機に直面した場合，経営者の意思決定と行動を方向づけたり，緊急時の問題を解決する手助けになったり，内部の間違った考えを是正したりする。コントロール機能[34]となる。

→経営目標や組織体制・制度を構築する際も，この機能がもととなる[35]。
　b　一体感を醸成する機能
　理念に示された精神や教訓が，企業の心として語り継がれ，それが意思決定に体現されて，組織の人々の統一的ビジョンと一体感を形成するという役割を果たすもの。コミットメント機能。

2）動機づけ機能……組織の人々に共通の問題や関心・努力目標を作り出すことにより，やる気を引き出す機能のこと。モチベーション機能。

② 社会的適応の原理
　企業の外部に対する機能・効果のこと。

1）正当化機能
- 組織の存在意義や方向性を外部に明示し，自社の活動の正当性を得ようとする機能。
- 社会に対して組織の性格を示すものとして，良好な企業イメージを創造する機能。

2）環境適合機能
- 「社会の公器」として，ステークホルダーとの信頼関係を形成したり，社会的責任を遂行する際の指針となり，ひいては存続効果が期待できる機能。
- 社会的価値や時代のニーズに適合しながら活性化を図る機能。

このように，経営理念には「企業内統合の原理」と「社会的適応の原理」がある。そして，双方の原理が機能して初めて，理念が浸透していると言えるのである。

◆ 図表1−4 ◆　経営理念の機能・効果

```
① 企業内統合の原理
        1）成員統合機能 ─┬ a　バックボーン機能（コントロール機能）
                        └ b　一体感を醸成する機能（コミットメント機能）
        2）動機づけ機能（モチベーション機能）
② 社会的適応の原理
        1）正当化機能
        2）環境適合機能
```

出所：筆者作成。

(4) 文言と変遷

　しかし，双方の原理が機能することはたやすいことではない。その理由の1つとして，理念の文言により，強く機能する領域が偏ることを挙げることができる。

　図表1−5は，理念の文言を機能別に分類した一例である[36]。理念は当該企業が最も大切にすることを，短文のなかに表明しているがゆえに[37]，多くのことを盛り込むことはむずかしく，内容に偏りが生じてしまう場合がある（もちろん両機能を網羅した理念もある）。

　この内容の偏りが，理念浸透の際にも影響を及ぼすと考えられる。たとえば理念の内容が「社会的適応の原理」に対応している場合，成員は顧客や社会，環境などを意識しやすい反面，それを日々の仕事にどのように落とし込めばよいかは，理念の内容から直接導かれることがないため，特にスタッフ部門ではわかりづらさが生まれる可能性がある。

　また，理念の文言は独自性より一般性が優先されてしまうことや[38]，継続する内容を持つことが重要であるため，包括的で多様な解釈の余地を残している[39]ものも多い。それが理念への興味や関心をそぎ，理念浸透を進めにくくす

◆ 図表1－5 ◆　経営理念の文言の機能別分類一例

機能別分類	経営理念の文言
企業内統合型	■ 楽業偕悦（キユーピー） ■ 敬天愛人（京セラ）
社会的適応型	■ 都市に豊かさと潤いを（三井不動産） ■ 常に人々の健康の増進と生活文化の向上に奉仕する（サンスター）
両機能網羅型	■ われわれの働きで　われわれの生活を向上し　よりよい社会をつくりましょう（オムロン） ■ 自由でみずみずしい発想を原動力に　すばらしい夢と感動　ひととしての喜び　そしてやすらぎを提供します（オリエンタルランド）

出所：HPをもとに筆者作成。

る要因となっていることも指摘されている。

　では，日本企業において，どのような理念の内容が多いのだろうか。

　鳥羽・浅野（1984）[40]は，経営理念が具体的に「表明する目的」によって，理念を3つに分類している。それは「自戒型」「規範型」「方針型」である。

① 「自戒型」とは，経営トップ自身の行動上の自戒と，後継者に対し訓えかつ手本を見せるという機能であり，倫理的・道徳的性格を強く帯びることに特徴がある。

② 「規範型」は，企業内部での成員の統率用，あるいは内部管理・内部統制用的な性格が強いもの。

③ 「方針型」は，社内はもとより主として社会一般に訴える意図を強く持つもの。

　この場合，「自戒型」と「規範型」は，前述した「企業内統合の原理」に，「方針型」は「社会的適応の原理」に働きかけやすい内容と考えられる。

　時系列的に理念の内容の変遷を見てみよう。1961年，1982年の調査では「奉仕」「和」「誠実」といった「自戒型」や「規範型」が多く見られる。

　バブル経済の好況期である1987年の調査では，「社会貢献」「顧客利益」が謳

◆ 図表1－6 ◆ 経営理念の内容の変遷

調査年度	時代背景	内容 BEST3	表明する目的	機能しやすい原理
1961年	所得倍増計画，高度経済成長	社会，奉仕，会社	自戒型 規範型	企業内統合
1982年	ドル・オイルショック以降の不況，減量経営	和，誠実，努力	自戒型 規範型	企業内統合
1987年	バブル絶頂期，CI導入	社会貢献，顧客利益，企業発展	方針型	社会的適応
1998年	企業不祥事や倒産勃発	顧客志向，社会との共生，挑戦	方針型	社会的適応
2004年	長引く不況，低成長	社会との共生，顧客満足，従業員の尊重	方針型	社会的適応

出所：筆者作成。

われるようになり，理念が社外に対して目を向けた内容になってきている。つまり「方針型」へと移行しているのである。

1998年の調査では，不況かつ低成長を背景に，「顧客志向」がトップになっている。「社会との共生」といった企業の外部に対する責任や社会性が謳われていたり，「挑戦」といった企業の革新性・変革に関する内容となっていることも特徴的で，ここでも「方針型」が重視されていることがわかる。

2004年の調査[41]でも，その傾向は続き，「社会との共生」「顧客満足」といった「方針型」の理念の割合が高くなっている。

このように，経営理念の内容には「時代性」[42]と「領域性」がある。多くの企業においては，創業者がみずからの経験や想いに基づき，経営理念を策定した。そこには，当時の社会の世相や価値観，創業者自身の希望や信念が反映されている。しかし，時代の変化とともに，経営が成功する要因や，成員が心を動かす言葉にも変化が生じてきた。その結果，経営理念の見直しを行う企業も多く，現在は「社会的適応の原理」が機能しやすい「方針型」の内容が，より

重視されるようになってきている[43]のである[44]。

　以上，経営理念の「文言」について概観してきた。理念の内容は，社内外いずれかの領域に重きを置いた偏りを作りだし，それを補完するために，理念の下位概念である行動指針等を作成することで階層性を成す。ところが階層が何層にもなってくると，逆に理念をわかりづらくさせてしまうこともあり，呼称のバリエーションがそれに拍車をかける。

　しかし，浸透すれば，社内外に対して大きな効果を生み出すことは，「理念の機能・効果」からうかがえる。理念は言葉であるため完全ではなく，限界がある。それを補い，組織と個人を動かす原動力とするには，どのようにすればいいのだろうか。

4　経営理念浸透研究の発展と問題意識

(1)　先行研究と問題意識

　ここからは，これまでの理念浸透研究の経緯を概観し，それに対する問題意識を提示することで，本書の立ち位置と追求すべき課題を明らかにする。

　わが国の伝統的な理念研究は，理念の意味や成り立ちを，経営者のパーソナリティ，作成された時代背景，社会・経済・文化から説明[45]しようとしてきた。浸透に焦点があたるようになってきたのは90年代後半であり，まだまだ「発展途上の若い専門領域」[46]と言うことができるだろう。

　経営理念の浸透に初めて取り組んだのは，金井・松岡・藤本（1997）[47]である。彼らの研究は，定性的調査をもとに，成員個人が理念を受け入れたり実践したりしようとする，「自分化のプロセスや要因」に焦点があてられた。その後の理念研究に与えた影響の大きさを考えても，発展的に継承していく必要があり（高尾 2009，田中 2009），理念浸透研究のパイオニアと言える。しかし，この研究は彼らによって展開されることはなかった[48]。

その後，理念浸透研究は定量的研究が主流となっていく。それはマクロ，ミクロ，および両者を統合しようとする視点からのものに大別できる。マクロレベルの研究（野林・浅川 2001，北居・松田 2004，久保・広田・宮島 2005，渡辺・岡田・樫尾 2005）では，組織体を主体に，理念の存在や浸透方法と企業業績との関係が主に問われてきた。ここでは，制度やマネジメント，施策が理念に沿ったものであるかが肝要であり，個人が理念をどのように受け止めるのか，また，そのプロセスが問題にされることはなかった（北居・田中 2006，高 2010，高尾・王 2011，2012）。それは，ある浸透方法が成員全員に対して，一律に影響を及ぼすというプロセスを暗黙に仮定していた（北居・田中 2006）からかもしれない。

　しかし，多くの研究者がとっている，理念浸透の共通した見解は，「ダイナミックなプロセス」（北居 1999，田中 2009，2012a，2013，住原・三井・渡邊 2009，高尾・王 2011，2012，三井 2013）であるというものである。それは，能動的な解釈のプロセスであり（北居 1999），経験や相互作用が重要な役割を果たし（金井 1989，北居 1999，田中 2011，2012a，2014b），成員一人ひとりのなかで理念の理解・解釈が進むことが不可欠（北居 1999，住原・三井・渡邊 2009，三井 2013，田中 2014b）なのである。これらの見解は，個人を主体として理念浸透を検討することの必要性を要請していると考えられる。

　これに応えるのが，成員に焦点をあてたミクロ（北居・田中 2006，高 2010，高尾・王 2011）あるいは統合的な研究（北居・田中 2009，高尾・王 2012）である。ここでは，組織全体としての理念浸透と個人レベルでの理念浸透は区別されている（高尾・王 2012）。つまり成員の能動性や主体性が重視され，理念浸透における個人間の差異が認められているのである。

　ミクロレベルの議論では，どのような要因や方法が浸透に影響を及ぼすのか等が，統合的研究では組織的な要素や理論を取り扱いながら，理念浸透が3次元から把握できること等が明らかにされてきた。

　このように，理念浸透研究は異なる側面に注目をしてきた（北居・田中 2009）。最近ではミクロレベルの研究が増え，個人の理念浸透プロセスなどの

解明が進んでいる。

　ただ,実証研究において,定量的,定性的アプローチは車輪の両輪とも言えるもののはずであるが,前者に偏っていることは否めない。そのため職階や立場,状況による理念のとらえ方や,理解の変化といった個々の実態が見えないという難点がある。換言すれば,個人レベルでの質的研究が不足しているのである。

　求められるのは,点ではなく線としての議論,実態としての議論であり,それをもって「ダイナミックなプロセス」を検討することの必要性である。しかし,それに応え得る研究は数少ない。

　このようななか,田中（2011,2012a,2013,2014a,2014b）では,管理者や若手へのインタビュー調査をもとに,あるいはそれらを総合して,働く個人が理念を理解するプロセスが検討され続けてきた。

　そこで本書は,田中のそれらの議論をもとに,さらにそれを精緻化することで,現場でも役立つ理念浸透の枠組みを構築したいと考えている。つまり,個人が質的にどのように変化すれば理念浸透が進むのか,また,それがどのような文脈・背景のもとに,その後いかに継承されていくのかといった,「理念を理解する」ダイナミズムを,インタビュー調査をもとに体系的に検討し,モデル構築を行いたい。

　と同時に,今まで述べてきた問題意識は,決してマクロレベルの研究を否定するものではない。理念の主体が「経営者と組織体」である以上,「理念を理解する」視点だけでなく,「理念を浸透させる」視点も持ち合わさなければ,一側面からだけの議論となってしまうことは明らかなことである。

　北居・田中（2009）が,個人が体験を通じて理念の意味に気づくという個人の内面的体験を「内面化」,理念浸透施策によってマネジメント,製品,人事制度に理念が反映,定着していることを「定着化」と呼び,それらは次元が異なるものの関連しあうものであることを主張[49]するように,実際の現場では,マクロレベル,ミクロレベルの双方が補完し合うことによって理念浸透が進むため,「理念を浸透させる」視点からも検討を進め,最終的には両者を包括し

た視点で，理念浸透を検討することが必要であろう。本書はこの問題意識にも応えたいと考えている。

　以上述べてきたように，本書は定性的調査をもとに研究を進めるが，その意義について触れたい。大量のサンプルから定型的なデータを導出し，数量的に事実を把握する定量的研究は，客観性や一般化を図る点において説得力の高いアプローチである。とりわけ仮説を検証する際には，その優位性を発揮するだろう。

　それに対し，定性的研究は通常，質的なデータを重視し，単一ないし少数の事例の深く多面的な分析を行うものである（沼上 1995）[50]。その学問的意義と有用性については多数の議論があるが，本書はそれを次の2点に見い出している。

　1つ目は，定性的調査はあるテーマやトピックに関する研究の初期段階や，当該領域に新たな視点を持ち込むような場合，特に有効なアプローチである（桑嶋 2005）[51]ため，先行研究が限られている現状を踏まえると，この調査の長所を発揮できると考えられる。また，既存の理論やモデルのバイアスを受けずに，先行研究では触れられることのなかった発見事実を導出するうえでも，有効であろう。

　もう1つは，企業で働く実務家にとってのリアリティとの整合性である。組織論や経営学の研究成果は，その当事者から見ても腑に落ちるものであることが望ましい（藤本 2005）[52]。そのためには実務家の経験や語りに接近することで，実務家から見ても納得できる理論を構築しやすくなると考えられる[53]。肝要なことは，現場に行くことではなく，「現場のこころ」に触れることである。インタビューイが胸に抱えている「人に話したいこと」[54]に焦点をあて，聞き，空気感を感じること，それがリアリティ構築には欠かせないことであると同時に，定性的調査の強みと言える。

　このように，定性的調査による先行研究が絶対的に少なく，なおかつ現場に即した理論構築を行おうとするならば，仮説発見型の定性的研究が最も適していると考えるのである。

(2) 明らかにしたいこと

以上のことから，本書が明らかにしたいことは，次のとおりである。

① 経営者から若手に至るまで，各層における個人が「理念を理解する」プロセスを明らかにし，モデル構築を行う

理念浸透とは，上意下達的に一方向から「浸透させる」ものでなければ，「洗脳」するものでもない。理念の文言や経営者の熱い想いに成員が共感し，「共有」しようとするものであり，組織の全成員が「わかちあおう」とする姿勢があって，初めて組織の隅々に浸透していくものである。

とはいえ，年齢や立場，職場での経験により，理念の理解には個人差がある。たとえば，理念の「受け手」である若手は，理念の意味をどのように解釈しているのだろうか。また，いかに理念を自分のものにしようとしているのだろうか。理念浸透にとり一見影響力を持たないと思われがちな若手を対象とすることは，理念浸透の初期段階において何が有効に機能するのか，その施策を検討することにもつながっていくはずである。

また，経営者や管理者はいかに理念の理解を深化させていくのかについても調査をしていく必要がある。経営者のリーダーシップ（Deal and Kennedy 1982, Peters and Waterman 1982, 金井 1986）や，結節点としての管理者の重要性（野中 1983, 金井 1997, 野中・竹内 1996）は主張されて久しい。そしてそれを受けて，経営者や管理者に焦点をあて，理念浸透を検討した定性的研究（田中 2006, 2011, 瀬戸 2009, 2010, 2013）も存在する。しかし，これらは，理念をいかに浸透「させるのか」といった視点からのものである。

経営者や管理者が，理念浸透にとり伝播者となることは事実であるとしても，その伝播力は彼らの理念の理解度にかかっているはずである。では，管理者はどのようなプロセスを経て，理念の理解を深めていったのかを検討する必要がある。また，経営者になると，すっかり理念が自分のものになっているイメージがあるが，はたしてそうだろうか。経営者も悩み迷うことがあるはずである。

そのようなとき，理念はどのような役割を果たし，経営者のマネジメントにいかに影響を与えるのだろうか。

そして，これらを総合的・体系的に検討することで，個人における理念浸透のプロセスを明らかにし，それをもとにモデル構築を行いたい。発見事実をモデル化することにより，実践的に使用しやすくなるのが狙いである。

② 組織に「理念を浸透させる」施策や考え方を明らかにする

Schein（1985）[55]は，組織文化を植え付けるために，最も強力な一次的メカニズムとして，①リーダーが注目し，測定し，統制するもの，②危機的事件または組織の危機に対するリーダーの反応，③リーダーによる慎重な役割モデリング，教育，指導，④報酬や地位を与える基準，⑤募集，選抜，昇進，退職，免職の基準の必要性を挙げている。

梅澤（2003）[56]は理念が機能するためには，それが構造化されて，目に見える組織構造や手順に反映されることが必要であるとし，内面化（成員の思考・行動様式），具現化（施策・作品），制度化（人事・組織）することが求められると言う。

田中（2006）[57]は，経営者へのインタビュー調査から，①質の高い経営者の存在と理念浸透への努力，②理念と仕事の整合性，③制度への理念反映が，理念浸透にとり重要であることを明らかにしている。

このように，いかにすれば理念を浸透させることができるのかについては，今までにも多くの見解が提示されてきた。その大半は経営者の視点からのものである。

しかし，とりわけ理念浸透の要となる管理者が，実際どのような方法で「部下」に理念を浸透させようとしているのかといった研究は，ほとんど見あたらない[58]。つまり，理念を遂行するのは「人」であるにもかかわらず，「人・対・人」の部分が十分に検討されていないのである。また，経営者・管理者は自身がとっている浸透施策が有効であると考えていても，部下から見れば，心に響かないものもあるだろう。

そこで本書は，経営者や管理者が部下に対して実践している理念浸透施策を明らかにするだけでなく，可能な限り，それを若手や管理者といった部下となる人物の語りと照らし合わせることで，その有効性を検証したいと考えている。また，理念浸透の「受け手」である若手の語りから，理念浸透にとり有効な方法を抽出することも行いたい。そしてそれらをもとに，より現実的かつ実践的な理念浸透施策を提示する。

③ 「経営理念の浸透レベル」の精緻化を図る

成員に焦点をあて，理念の理解を検討しようとする際，何をもって理念の浸透というのかが問題となる。松岡（1997）[59]は，コープこうべのインタビュー調査から導出された結果をもとに，「経営理念の浸透レベル」を4段階で提示した。

このモデルは理念浸透研究において，その後，頻繁に引用されることとなるが，松岡自身は「厳密な検証を経たわけではなく，今後の体系的な調査の糸口を提供するものである」[60]と述べ，高尾（2009）[61]は「いっそうの吟味が必要であるかもしれない」と言うように，再検討をする余地が残されている。

本書では，経営者から若手までを対象に，個人が理念を理解するプロセスを明らかにしようとしているため，その結果をもとに，松岡が提示した「経営理念の浸透レベル」の精緻化を図りたい。

(3) フレームワークと追求すべき具体的課題

本書は上述した3点を明らかにすべく，調査および分析を行うが，その際，金井・松岡・藤本（1997）の3つのモデルを理念型ととらえたい。理由は，定性的調査をもとに理念浸透プロセスを初めて検討した研究であるということと，その後，この理論を前進させるべく，管理者の調査から新たな視角を提示することを試みた田中（2012a）の分析結果[62]から，理念浸透プロセスは3つのモデルにほぼ集約される結果となったことが明らかにされており，フレームワークとして妥当であると考えられるからである[63]。

先にも述べたとおり，定性的調査による理念浸透研究は限られている。とりわけ，「個人の理念浸透プロセス」となると，この二者にほぼ限定される[64]と言ってもいいだろう。そこで，金井・松岡・藤本の研究に田中の結果を照らし合わせ，不足点を洗い出した後，本書が追求すべき具体的課題を提示する。

　また，「経営理念の浸透レベル」を検討する際には，前述したように，松岡（1997）が提示したモデルをもとに課題を検討する。

① 　金井・松岡・藤本の３つのモデル
　経営理念が組織にいかに浸透していくのか，その浸透メカニズムを，金井・松岡・藤本は，「強い文化モデル」「観察学習モデル」「意味生成モデル」の３つに分類して論じている。

　１）強い文化モデル
　「強い文化モデル」では，Deal and Kennedy（1982）や，Peters and Waterman（1982）の「強い文化」論をもとに，創業者やトップの役割が明らかにされている。そこでは，トップが価値観を言葉に結晶する力や，行動で見本を示す力，直接，現場の成員と接して，繰り返し理念を語ることの重要性が指摘されている。

　しかし，トップマネジメントのイニシアティブで，組織内に理念が一様に浸透していくという主張は楽観的すぎると松岡（1997）は指摘する[65]。たしかに誰彼の別なく等しく影響を及ぼすこともなければ，トップが理念浸透の成否のすべてを握るわけでもない。しかし，これはトップのリーダーシップを否定するものではないだろう。

　それを受け，田中（2012a）[66]では，経営者の影響力が管理者には顕著に機能することが明らかにされた。このように，このモデルは，対象により効果に強弱が出るとしても，各層に対して，経営者行動の何が，どの程度意義を持つのか，そこで求められるリーダーシップや影響力を検討する必要がある。

　→強い文化モデルの影響範囲を明らかにする

→経営者に求められるリーダーシップとは、どのようなものか

2）観察学習モデル

観察学習モデルでは，Bandura（1977）の社会学習理論で主張されている「モデリング」の概念を用いて議論が展開されている。モデリングによる理念浸透とは，成員が他の人々の行動を観察して，その組織や状況にふさわしい行動を学習していくというものである。またそれは，単なる模倣とは異なり，モデルの行動の背後にある原理・原則をルールとして学習していく「ルール学習」も含まれると言う。反面，ミドルのなかに，理念にまつわる語りや，理念を体現する経験を持つ人は少ないこと，諸経験と物語の間に矛盾があることが問題点として挙げられている。

松岡（1997）[67]はこのモデルでは，観察者がモデルの意図したとおりの学習をするとは限らず，リーダーが常に一貫して適切な行動を示すとも限らないとして，モデリングの発生を楽観的にとらえている点を指摘する。また，金井らのモデルには観察者による意味づけの側面は含まれていないが，観察者がルール自体に疑問を投げかけたり，ギャップや矛盾に対して，新たな意味を発見することもあり得るのではないかと主張する。

この意味づけを視野に入れるという指摘は示唆深い。というのも，金井らの主張では，観察したことが比較的早く行動に移されることが前提となっているように見受けられるからである。つまり長期的な視点が欠けているのである。上司の言動は，仮にそれが理想的なものだったとしても，部下の立場では，とても行動に移すことができないものもある。また，観察したときは意味が十分にわからなかったことも，時を経て意味づけがなされ，そのとき初めて観察したとおりの行動をとるということもあるだろう。

また，このモデルでは，暗黙のうちに若手を対象としていることや，成員を未熟な存在ととらえていることが指摘（田中 2012a）されている。換言すれば，観察者の年齢・立場・状況を拡大し，観察者を主体とした視点を取り込むことの必要性である。田中はその理由を，「モデルの模範性以上に，観察者の能動

性や成熟度，自覚が学習効果に影響するから」[68]と説明する。

　もしそうであるならば，新人や若手に限らず，上層部においても観察学習が起こるはずである。それは一体，誰をモデルに，どのような状況で起こるのだろうか。また，模範的でないモデルに遭遇した場合，観察者はそれとどのように向き合うのだろうか。

　「観察学習」をこのように観察者の能動性という視点で見たとき，高尾（2009）の仮説は興味深い。金井らでは観察学習の例として，先輩や同僚のどのような行動が好意的な結果を得て，どのような行動が否定的な結果をもたらしているのかを観察したり，なぜそうなっているのかを質問することにより，組織のなかで適切な行動を身につけていくことが主張されていた。このような受動的なモデルに対し，高尾は上司の理念浸透の程度に対する部下の主体的認知が，部下の行動に影響を与えるのではないかと言う。つまり，上司が理念に沿った行動をどう評価し，どのような反応をするかについての部下の認知が，部下の行動に影響を与えると言うのである[69]。この主張は，行動に反映される観察者なりの基軸があることを示唆している。「評価」もその1つであるが，それ以外の基軸も存在するように思う。

　また，観察学習が，どのような状況のときに起こるのか，その際モデルはどのような行動をとっているのか，行動は単発的なものなのか，繰り返し行われているものか等を検討することも必要である。それにより理念浸透を進める理想的な行動が見えてくるかもしれない。

　→観察学習は経営者や役員といった上層部においても起こるのか
　→上司が模範的でない場合，部下はそれとどのように向き合うのか
　→観察したことと，それを反映させた行動との間には，どのような時間的関係があるのか
　→理念に沿った行動をとる場合，何を基軸とするのか
　→どのような状況で観察学習は起こるのか
　→モデルとなり得る行動とはどのようなものか

3）意味生成モデル

意味生成モデルでは，金井（1989）の「ピア・ディスカッションモデル」と，Weick（1995）の「意味生成（sense-making）」が挙げられている。そこでは公式・非公式な相互接触や議論を通して，曖昧な環境のなかから，理念に込められた意味が，新たに発見される過程の重要性が主張されている。そして，このモデルが現実の微妙さ，複雑さに最も適合したモデルであり，理念が「腑に落ちる」過程を解明していくうえで有望な視点を示していると主張されている。

しかし，高尾（2009）[70]は，意味生成モデルにも楽観性が潜んでいると指摘する。すなわち，矛盾やギャップの認知があれば，議論や内省が必ず生じるわけではなく，矛盾から理念を参照しないことを学習してしまったり，ピア・ディスカッションが理念の軽視を導くこともあると言う。

議論から意味生成が生まれるとする主張は理想的であるが，仕事に追いかけられる日常を考慮すれば，腰を据えて理念について語り合うというのは，現実的とは言い難い面がある。北居（1999）[71]，田中（2006）[72]は，経験をすることで理念の理解が進むことを主張したが，それを裏づける結果が田中（2011，2012a）の管理者の調査から導出されている。と同時に，田中（2012a）[73]は在籍年数により意味生成を引き起こす要素が変わる可能性を指摘している。つまり，若手の頃は経験が重要であるのに対し，在籍年数が上がるにつれ議論が意味を持つのではないかと考えられている。この仮説の検証を行うと同時に，各層における議論の有効性をあらためて検討する必要がある。

→議論より経験が意味生成を促すのではないか
→年齢・立場とともに意味生成を引き起こす要素が変わるのではないか
→議論ははたして有効なのか

これら3つの視点を総合して検討することで，個人における理念浸透の複雑さや曖昧さにメスを入れ，そのプロセスをモデル構築へとつなげたい。また，各層の語りをもとに理念浸透施策も併せて検討する。

② 松岡の「経営理念の浸透レベル」

　松岡（1997）は，インタビュー調査から導出された結果をもとに，理念の浸透は単一の尺度ではなく，段階的なものとしてとらえた方が適切であると主張する。そして，理念浸透のレベルについて，図表1－7のように「言葉の存在を知っている」レベル1から，「理念を行動に結びつける」レベル4までの4段階があることを提示した。

　ただ，これらのレベルに疑問が生じる部分もある。たとえば，レベル3の「理念の意味を解釈できる」と「自分の言葉で言える」であるが，田中が若手を対象とした調査（2014a）と，管理者を対象とした調査（2012a）を見る限りでは，前者は若手レベル，後者は管理者レベルであり，これら2つは同じレベルのものとは思い難い。

　それは「言葉」のとらえ方が影響しているのかもしれない。しかし，レベルの構築を行う場合は，使用する用語の意味を明示することは不可欠である。本書では第1章であらかじめ，とらえ方を示しており（「2 本書の言葉の使い分け」参照），それをもとに検討を進めたい。

　また，松岡のモデルでは，理念の内容表現は視野に入れられていないが，田

◆ 図表1－7 ◆　経営理念の浸透レベル（松岡モデル）

	レベル	内　容
浅い ↑	1	言葉の存在を知っている 言葉を覚えている
	2	理念を象徴するような具体例を知っている 実際に自分で経験したことがある
↓ 深い	3	理念の意味を解釈できる 自分の言葉で言える
	4	理念を行動に結びつける 行動の前提となる。こだわる

出所：松岡久美（1997）「経営理念の浸透レベルと浸透メカニズム―コープこうべにおける『愛と協同』」『六甲台論集―経営学編』（神戸大学）第44巻第1号，p.195。

中（2013）[74]が，理念の内容表現は「理念浸透プロセスの順序」に影響を与えることを明らかにしたように，それも含めて考察する必要があるだろう。

■注

1　高尾義明（2009）「経営理念の組織論的再検討」京都大学京セラ経営哲学寄付講座編『経営哲学を展開する』文眞堂，pp.63-64。
2　高田馨（1978）『経営目的論』千倉書房，p.16。
3　伊丹敬之（1986）『マネジメント・コントロールの理論』岩波書店，p.11。
4　野中郁次郎編（2012）『経営は哲学なり』ナカニシヤ出版，p.6。
5　中川敬一郎（1981）『比較経営史序説』東京大学出版会，pp.142-146。
6　加護野は「日本企業の経営理念は組織における個人の生き方や，他の組織メンバーとの相互作用のあり方に関する原則を多く含んでいる」と言い，人に対する「全人的関与」を問題にしていることに言及している（加護野忠男（1983）「経営組織」加護野忠男・野中郁次郎・榊原清則・奥村昭博『日米企業の経営比較―戦略的環境適応の理論』日本経済新聞社，p.163）。
7　アメリカの先行研究では，日本企業の強さは，成員の組織への高いコミットメントと経営理念の存在，そしてそれに基づいたマネジメントにあること（Ouchi 1980, 1981）や，人間関係を重視する姿勢にあること（Pascale and Athos 1981）が主張されている。
8　梅澤（1994），金井（1997）。
9　日本商工経済研究所（1977），日本生産性本部（1985），芝・水谷内（1988）。
10　鳥羽・浅野（1984），芝・水谷内（1988），北居・出口（1997），野村（1999），高尾・王（2011）。
11　野中の表現。前掲書（注4参照），p. ii。
12　金田一京助編（1960）『国語辞典』三省堂，p.111，p.869。
13　経営理念の定義の一覧は，松田（2004），田中（2006），瀬戸（2008），柴田（2013）を参照のこと。
14　松田良子（2002）「経営理念研究の体系的考察」『企業情報学研究』（大阪学院大学）第2巻第2号，p.91。
15　たとえば，中川（1972）は「企業経営の目的，指導原理」，鳥羽・浅野（1984）

は「行動規範・価値観・指導原理」,田中(2006)は「信念・価値観・行動規範」ととらえている。

16 奥村悳一(1994)『現代企業を動かす経営理念』有斐閣,p.3。
17 間は,経営理念の必要条件を6つ挙げているが,その1つに,短期的な経営方針ではなく,長期的経営方針を示すことを指摘している(間 宏(1989)『経営社会学―現代企業の理解のために』有斐閣,p.82)。
18 たとえば,中川敬一郎編(1972)『経営理念』ダイヤモンド社,p.9。
19 たとえば,間 宏(1972)「日本における経営理念の展開」同書(注18参照),p.78。
20 奥村に見られる(奥村,前掲書(注16参照),p.3)。
21 Collins and Porras(1994)は,理念が浸透している企業では,公表する傾向が強いことを明らかにしている(Collins, J.C. and J.I.Porras (1994) *Built to Last : Successful Habits of Visionary Companies*, Harper Business.(山岡洋一訳(1995)『ビジョナリー・カンパニー― 時代を超える生存の法則』日経BP社,p.116))。
22 たとえば,松田,前掲論文(注14参照),p.92。
23 たとえば,田中雅子(2006)『ミッションマネジメントの理論と実践―経営理念の実現に向けて』中央経済社,p.56。
24 たとえば,瀬戸正則(2008)「経営理念の組織内浸透におけるコミュニケーションに関する研究―同族経営中小企業における経営者・中間管理職の行動を中心に」『経営教育研究』第11巻第2号,p.130。
25 定義に浸透の要素を初めて取り入れたのは,間(1984)である。そこでは「体現」という言葉が用いられている(間 宏(1984)「日本の経営理念と経営組織」『組織科学』第18巻第2号,p.17)。
26 梅澤正(1994)『顔の見える企業―混沌の時代こそ経営理念』有斐閣,p.6。
27 奥村,前掲書(注16参照),pp.7-8。
28 理念の構造・階層に関しては,井上(1983),中村・山下(1992),水谷内(1992),奥村(1994),劉(1995)などのモデルがある。
29 奥村,前掲書(注16参照),p.8。
30 階層の命名は,大阪府立産業開発研究所編(1993)『平成5年版 大阪経済白書―新たな企業理念の構築に向けて』大阪府立産業開発研究所,p.118。

31　鳥羽・浅野は，「産業界で経営者がインタビューなどを行う際に表明する信条，企業内で公認された経営方針に関する文言，明文化された社是や社訓など，その具体的な表現が著しく多様であること」が，理念を定義することのむずかしさにつながっていると，研究の視点から指摘する（鳥羽欽一郎・浅野俊光（1984）「戦後日本の経営理念とその変化―経営理念調査を手がかりとして」『組織科学』第18巻第2号，p.37）。

32　中川（1981），間（1984），鳥羽・浅野（1984），伊丹・加護野（1989），水谷内（1992），北居・松田（2004），田中（2006），横川（2010），三橋（2012）を参照した。

33　「企業内統合の原理」「社会的適応の原理」とは，鳥羽・浅野の表現である（鳥羽・浅野，前掲論文（注31参照），pp.37 – 38）。

34　高田は，経営理念の存在意義として，①経営目標への規制作用，②経営経済への規制作用，③経営組織への規制作用，④経営経済と経営組織の統括作用を挙げている。高田は経営理念全体に，規制作用と統括作用があるととらえているが，厳密に言えば，これは特にバックボーン機能のなかに見い出せる作用である（高田，前掲書（注2参照），pp.16-18）。

35　横川は，高田（1978）の経営理念は「経営目標」「経営経済」「経営組織」を規定するものであり，それらは経営活動における実践的側面であるとする議論をもとに，経営理念が経営活動の実践に結びつく必要があるとの見解から，この機能を「経営実践機能」と名づけ，独立した機能としてとらえている。しかし，本書では，体制や制度（場合によっては戦略も）は，このバックボーン機能がもととなり意思決定がされるものであるというとらえ方をしている。たとえば，p.99に示した経営者の語りはそれを裏づける（横川雅人（2010）「現代日本企業の経営理念―『経営理念の上場企業実態調査』を踏まえて」『産研論集』（関西学院大学）第37号，pp.129-130）。

36　野林は，劉（1995）の論考をもとに，経営理念の内容を領域性（内部環境重視，外部環境重視）と階層性（価値観，行動規範）の2軸によって，①自社理想，②教義伝承，③社会貢献，④顧客・市場重視という4つに分類をしている。①②の理念は企業内統合型，③④の理念は社会的適応型の理念と言える（野林晴彦（2015）「理念浸透における理念内容と浸透策，浸透度，成果―企業組織を対象としたマク

ロレベルの実証研究」『経営戦略研究』第15号，pp.55-56)。
37 ただ，各企業の理念を見てみると，なかには読むのに時間がかかるような長い文言の理念もある。
38 理念の内容が一般性を帯びてしまうのは，近年の経営理念の作成プロセスにも原因がある。経営理念の作成者に関する調査では，1961年には，①社長（創業者）が個人で作成が48.2％，②社長（創業者）が相談・協議のうえ作成が21.8％，③総務部・人事部・社長室などのスタッフが起草が13.6％，④起草委員会で立案が4.5％，⑤外部専門家の意見に基づいて作成が0.9％，⑥その他が11.0％となっているのに対し，1995年の調査では，①が16.2％，②が24.1％，③が22.1％，④が22.7％，⑤が2.8％，⑥が12.0％となっていて，社長主導型から合議制あるいは成員主導型へと変化があることがわかる。

　1961年のものは，鳥羽・浅野（1984）を，1995年のものは，北居・出口（1997）を参照した。
39 加護野，前掲書（注6参照），p.210。
40 鳥羽・浅野，前掲論文（注31参照），pp.38-39。
41 横川では，業種ごとの理念の内容の特徴が明らかにされている。たとえば，食料品，輸送機器では「顧客満足」を謳っている企業が多く，化学，機械，陸運・海運・空運では「社会との共生」が上位を占めている。また，小売業は「顧客満足」「社会との共生」とともに「地域社会への貢献」が重視されている。業種により内容が異なることは，果たすべき使命が異なることを示唆しており興味深い（横川，前掲論文（注35参照），pp.131-133)。
42 理念の内容表現は「時代性」だけでなく「普遍性」もある。奥村のPanasonicとトヨタ自動車の事例研究を参照のこと（奥村悳一（1996）「変革期における経営理念の刷新」『横浜経営研究』（横浜国立大学）第17巻第3号，pp.217-233)。
43 奥村は企業へのアンケート調査をもとに，経営者が理念に対して，「普遍性」よりも「時代性」を重視していることを明らかにしている（奥村悳一（1997）「経営理念と経営システム」『横浜経営研究』（横浜国立大学）第18巻第3号，pp.162-192)。
44 理念の内容の変遷と，「3(1)定義」で検討した定義の変遷は合致する。研究者の定義も時代を反映させたものとなっていることが，ここからわかる。

45 北居明 (1999)「経営理念研究の新たな傾向」『大阪学院大学流通・経営科学論集』第24巻第4号, p.33。

46 田中の表現（田中雅子 (2012b)「髙尾義明・王英燕著『経営理念の浸透―アイデンティティ・プロセスからの実証分析』」『日本労働研究雑誌』第629号, p.89)。

47 金井壽宏・松岡久美・藤本哲 (1997)「コープこうべにおける「愛と協同」の理念の浸透―組織の基本価値が末端にまで浸透するメカニズムの探求」『組織科学』第31巻第2号, pp.29-39。

48 彼らの議論を前進させた研究として，田中 (2012a, 2014b) がある。

49 彼らはそれを「理念浸透度は多元的」と表現する（北居明・田中雅子 (2009)「理念の浸透方法と浸透度の定量的分析―定着化と内面化」『経営教育研究』第12巻第2号, p.56)。

50 沼上幹 (1995)「個別事例研究の妥当性について」『ビジネスレビュー』（一橋大学）第42巻第3号, p.55。

51 桑嶋健一 (2005)「アプローチの仕方―ケース研究」藤本隆宏・高橋伸夫・新宅純二郎・阿部誠・粕谷誠『リサーチ・マインド 経営学研究法』有斐閣, pp.39-41。

52 藤本隆宏 (2005)「実証研究の方法論」同書（注51参照), p.5。

53 今田は,「リアリティ」とは，単に現象を表すのではなく，人間にとって関心を喚起する現象のことを指すと言う。また,「リアリティの有無」は，どのような分析をしたか，またそれにより理解がどれほど深まったかに依存するため，研究法が重要であると主張する。現場に接近するだけでなく，研究者の分析能力が求められるという指摘は，分析を進める際に心に留めるべきものである（今田高俊編 (2000)『社会学研究法―リアリティの捉え方』有斐閣, pp.3-4)。

54 「現場のこころ」「人に話したいこと」は関の表現（関満博 (2002)『現場主義の知的生産法』ちくま新書, pp.22-23)。

55 Schein, E.H. (1985) *Organizational Culture and Leadership: A Dynamic View*, Jossey-Bass.（清水紀彦・浜田幸雄訳 (1989)『組織文化とリーダーシップ―リーダーは文化をどう変革するか』ダイヤモンド社, pp.287-303)。

56 梅澤正 (2003)『組織文化・経営文化・企業文化』同文館, pp.77-79。

57 田中，前掲書（注23参照), pp.155-173。

58 管理者が部下に対してとっている理念浸透施策が検討されている数少ない研究

として，田中雅子（2011）「理念浸透における中間管理者と組織文化の役割―ローランドの部門別調査をもとに」『経営哲学』第8巻1号，pp.45-53を挙げることができる。

59　松岡久美（1997）「経営理念の浸透レベルと浸透メカニズム―コープこうべにおける『愛と協同』」『六甲台論集―経営学編』（神戸大学）第44巻第1号，p.195。

60　松岡，同論文（注59参照），p.202。

61　高尾，前掲書（注1参照），p.78。

62　田中雅子（2012a）「理念浸透プロセスの具体化と精緻化―3つのモデルを検討材料に」『経営哲学』第9巻1号，pp.21-31。

63　金井らの調査は，コープこうべの成員が対象となっているが，田中では企業の成員が対象となっている。組織の特性を超えて共通点が見い出せたことを考えても，理論枠として妥当であると言える。

64　松岡の研究を挙げることもできるが，コープこうべの調査がもととなっているため，発見事実そのものは金井・松岡・藤本と同様である。

65　松岡，前掲論文（注59参照），p.185。

66　田中，前掲論文（注62参照），p.26，p.28。

67　松岡，前掲論文（注59参照），p.187。

68　田中，前掲論文（注62参照），p.28。

69　高尾，前掲書（注1参照），p.83。

70　高尾，同書，p.80。

71　北居，前掲論文（注45参照），p.43

72　田中，前掲書（注23参照），pp.160-161。

73　田中，前掲論文（注62参照），p.28。

74　田中雅子（2013）「経営理念の内容表現が理念浸透に与える影響」『同志社商学』第64巻第6号，pp.277-294。

第2章 若手成員の経営理念浸透
── 進化のプロセス

　第2章から第5章までは，経営者から若手に至る各層における「経営理念を理解する」プロセスを，インタビュー調査をもとに分析していく。

　第2章は「若手編」である。まず，全体の調査概要を述べた後，「若手成員」が理念を解釈・理解していくプロセスを検討する。キーワードとなるのは「主観的解釈」と「客観的解釈」である。前者は，若手が理念に独自に見い出している意味を，シンボルとなるモデルをもとに解釈するプロセスであり，後者は組織という社会的な視点を取り込みながら，部門・職務ミッションを解釈するプロセスである。これらが統合することにより，若手の理念の理解は進化していくが，そのプロセスを明らかにする。

1　調査概要

　本調査の概要について，まずは説明する。

(1)　調査対象企業・インタビューイの選択と研究の経緯

　インタビュー調査は，2004年から2013年までの10年間に，経営者，役員，管理者，若手を対象に実施した。

　2004年当初は，経営者のインタビュー調査からスタートをした。企業を選択する際は，先行研究や本書の理念の定義に基づき，①理念を成文化して公表していること，②理念浸透が進んでいると公言されている企業であること[1]，③企業業績が過去5年間順調であること[2]を一次的な選択基準とし，さらに個別企業を選択する際は，業種，規模，創業年度，上場・非上場，オーナー経営

者・サラリーマン経営者の別を二次的な基準[3]に，計6社の経営者を対象とした[4]（図表2－1参照）。

◆ 図表2－1 ◆　　インタビューイと企業概要

会社名	インタビューイ	事業内容	上場 非上場	設　立 （年）	従業員数 （人）
A社	会長（●）	科学計測機器	東証1部	1945	3,691（▲）
B社	社長	電子楽器	東証1部	1972	729
C社	社長（●）	和洋菓子製造販売	非上場	1872	777（▲）
D社	社長	洋菓子製造販売	非上場	1974	365
E社	社長（●）	住宅販売	東証ジャスダック	1995	85
F社	相談役	携帯通信	東証1部	1992	5,632

注：基本情報は2004年3月当時。●はオーナー経営者。▲はグループ従業員数。
出所：筆者作成。

　また，管理者・若手の場合も同様に，職務内容の異なる部門の成員であること，性別，勤続年数，年齢というように，偏りが出ないことに留意した（詳細は各章参照）。ただし，人選は調査の目的に基づき，当該企業によって行われた。

　経営者への調査後は，管理者→若手というようにインタビューを進めていったが，途中で理念が浸透していると分析できなくなった企業は，その段階で調査から省くという手順を踏んだ（判断基準の詳細は(6)参照）。その結果，10年間継続して各層に理念が浸透し続けていると分析できる企業が2社残った。それは，便宜上，A社，B社と呼ぶことにする（図表2－1，A社，B社のこと）。

　A社は京都に本社を置く科学計測機器メーカーである。理念は「おもしろおかしく」。当該企業では「社是」と呼ばれている。

　B社は，静岡に本社を置く電子楽器メーカーである。理念は「創造の喜びを世界にひろめよう，BIGGESTよりBESTになろう，共感を呼ぶ企業にしよう」。当該企業では，「スローガン」と呼ばれている。

ただB社は,東日本大震災の影響を受け,2011年以降,インタビューを中断せざるを得なくなるという事態に見舞われた。そのため,若手への調査は実現していない。しかし,それまでのデータ(経営者と管理者)が有効であることから,2社を検討対象とした。また,両社の各層の語りからは,理念の内容表現や業種等に影響を受けない共通項が多く見い出せ,企業間を超えた類似性が存在することが分析できたため,同じ俎上で論じることに問題がないと考えた。

一言断っておきたいのは,役員は当初,調査の対象ではなかったという点である。ところが,別件で実施したA社の役員への調査から,管理者,若手からは導出できなかった新たな発見事実が見い出せたため,それらも急きょ分析対象とした。後に記載している「質問項目」が,役員のものだけかけ離れた内容となっているのは,そのためである。

(2) **調査方法**

インタビューは半構造化面接法[5]を用い,1対1の対面形式で,60分〜180分の間で行った。インタビューは録音したものをデータベースとしているが,読みやすさのため必要最低限の編集はほどこしている。分析は,Glaser & Strauss(1967)によるグラウンデッド・セオリー・アプローチ(データ密着型理論)を参考にしている[6]。

(3) **質問項目**

事前にインタビューイに提示した質問項目は以下のとおりである。
【経営者】
理念の継承法
理念と成果が結びついた事例
らしさとは何か
【役員】
日本企業に所属しているアイデンティティ
海外支店の外国人スタッフへの理念浸透施策

【管理者】
就職活動時に理念に抱いた印象
理念の解釈が変化したできごと
仕事に影響を与えた人物
部下との人間関係
らしさとは何か

【若手】
就職活動時に理念に抱いた印象
仕事に影響を与えた人物
上司との人間関係
理念を意識するとき

(4) 調査目的

これらの質問を通して明らかにしたいことは次の3点である。
① 経営者から若手に至るまで，各層における個人が「理念を理解する」プロセスを明らかにし，モデル構築を行う。
② 組織に「理念を浸透させる」施策や考え方を明らかにする。
③ 「経営理念の浸透レベル」の精緻化を図る。

(5) 留意点

質問の設定時も，インタビュー時も，恣意的な質問にならないよう留意した。たとえば，理念にまつわる質問ばかりをすると，「理念が浸透しているという前提」がインタビューイの意識に植え付けられてしまい，正確な語りが期待できない。そのため可能な限り，日常の仕事や人間関係に焦点をあて，そこから理念浸透を探るようにした。また，インタビュー時には誘導尋問とならないよう，あいづちのみを打ち，発言はしないよう心がけた。

インタビューイに対しては，「守秘義務」の観点から，インタビューの趣旨や個人情報の取り扱いについて，事前に説明文書を作成して送付をした。当日

はインタビューの前に，本音を話していただくことが研究を進めるうえでは肝要であるが，このインタビューが著作物になった場合，言葉をそのまま引用されては困ることや，オフレコの内容に関しては，使用しないでほしい旨を，インタビューの最中に言っていただければ，その部分に関しては分析はするが，表立っては決して使用しないこと，内容は研究以外では使用しない旨を伝え同意を得ている。

また，本書を執筆中も，インタビューの内容だけでは情報が断片的であったり不確かなもの（制度や年齢）については，広報担当者に確認をして正確な情報を得るようにした。

(6) 経営理念浸透の判断基準

分析をする際，本書が理念浸透の判断基準としたのが，「経営理念の機能・効果」である（詳細は第1章3(3)参照）。それは，「企業内統合の原理（社内）」と「社会的適応の原理（社外）」に大別することができることから，インタビューイ全員から，この2つの機能に関する発言が出るかを注視した。一例を挙げると，「企業内統合の原理」に関する語りは次のようなものである。

【経営者】その人の持っている個性を導き出せる企業体，そういう会社でありたいし，それがおもしろおかしくの原点です。

【役員】やっぱり個性を強調するための理念だというふうには思いますので。みんなが「おもしろおかしく」ということによって，何か1つの偏った考え方になるということはないと思うんですね。

【管理者】自分のよさを発揮しやすいし，金太郎あめは望んでいないので，その人の個性をある程度許してくれる会社なのでね。

【若手】ちょっと語弊があるんですけど，変な人が多いというか。ユニーク

の意味で，おもしろい，変わっている方が多いなという印象は入ってさらに強まりました。

　このように，経営者が「おもしろおかしく」の原点ととらえている「個性を導き出せる企業体」，それと認識を同じくする語りが各層全員から出た。つまり組織の価値の1つである人材へのとらえ方が，一枚岩のように全員から語られたことから，企業内統合の原理は機能していると判断できる。
　次に，「社会的適応の原理」であるが，この機能の「存在意義」「存続効果」に着目をし，「社会の公器としての発言」が出るかを分析の基準にした。換言すれば，上司や部下への配慮ではなく，社会の利益を考慮に入れた発言である。

【経営者】品質問題を起こしたり，いろんな問題を起こしたときに，われわれも失敗する。失敗したときにどう対処できるか。会社として同じ失敗を2回同じお客様にしない。もっと言えば安心をとらないといけない。

【役員】経営者も，やっぱり社会のために，人のためにならへんかったら，結局長続きせえへんしと。いっときの金儲けなんてというふうな，そういう非常に善意的なポリシーもありますから。そやから間違ってない，ついていけるというのはありますね。

【管理者】他社がやっているから，やらなあかんこともあるんですよ。でもそのなかでも，ちょっと一味変えてわれわれらしさを出してそれをやるという，独自性というか，アイデンティティがやっぱりはっきり出ていないと。「A社らしいやり方はないんか」という，そこを必ずもう1回考えてもらうということはすごく意識していますね。

【若手】開発とか営業とかサービスは，お客さんと直接触れる機会があると思うんですけど，われわれの部門は設計なので，なかなかないんですね。

(中略)社外から技術なりやり方とかいろいろ取り入れていって王道と言われるやり方で攻めるというか。

以上から，2つの原理を満たしており，理念が浸透していると判断した。

2 結果と分析

若手成員が理念を解釈・理解するプロセスを検討していくことにしよう。

(1) インタビューイの構成

若手へのインタビュー調査は，2012年2月～3月に実施した。インタビューイの構成は図表2－2のとおりである。また，先にも触れたとおり，この調査はA社のみが対象となっている。

ただし，管理者が若手の頃を振り返っての語りのなかにも，分析可能なものが多く含まれていたため，一部それも使用している。

◆ 図表2－2 ◆ インタビューイの構成

（平均入社歴4.8年，平均年齢28.5歳）

所属部門（性別）	年齢（歳）	勤続年数（年）
製品化設計部（男性）	32	8
医用システム開発部（男性）	30	3
法務部（女性）	27	5
海外営業部（女性）	25	3

注：2012年2～3月当時。格付のある成員が1名。
出所：筆者作成。

(2) 就職活動時と経営理念

当該企業の理念に対し，就職活動時に認知あるいは共感していたかを聞いて

みた。すると全インタビューイが認知していたことはもちろんのこと，初めて理念を見たとき，あるいは説明会で理念の説明を聞いたときから共感し，なかには「理念が腑に落ちていた」と語るインタビューイもいた。

　理念浸透の素地を作るうえで，理念の文言は重要である。それは当該企業の価値観に同意でき，ベクトルを合わせようとする人材を引き寄せることができるからである。たとえば次のような語りはそれを物語っている。

> BIGGESTを目指したい人はB社に来ないですからね。他のメーカーさんへ行くでしょうし。(管理者)

　また，就活での面接を振り返り，「おもしろおかしく」の場合は「楽しかった」，「創造・BEST，共感」の場合は「共感できた」というように，理念と重なり合う感覚が語られたことも特徴的であった。

> 「おもしろおかしく」というのは，やはりそういうことなのかなというのが，そのとき（面接時）に感じたのかもしれないですね。面接自体も楽しんでやっていたんで。(若手)

　このように，理念が感じられるような面接を心がけることも，側面的ではあるが理念浸透のよりよいスタートとなるような印象がある。

(3)　入社後——主観的解釈と客観的解釈

①　経営理念の意味と理念的な人物・行動

１) 経営理念の意味

　若手の頃の理念の解釈は，職場での経験の浅さも手伝って，十分なものではない。その際，上司や先輩といった周囲の人々との相互作用から，その会社なりのやり方や考え方を学んでいくことは自然なことである。

　しかし，理念とは組織の価値観であり，一般的で普遍的，含みを持った言葉

で表現されているものが多い。そのためその内容を，すぐさま理解することはたやすいことではない。たとえば，「お客様のために」という理念があったとしよう。お客様のためとは一体どういう意味なのか，何をもってお客様のためというのか，そこに見い出す意味やとらえ方は，「椅子」-「座る」というように，対象が1つに限定されるわけではなく，「異なる意味付与の競合」[7]が起こり得る。特に経験の浅い若手の頃はそれが顕著であると考えられる。では，若手成員はどのようにして理念の解釈を進めていくのであろうか。

そこで，理念の意味を聞いてみた。すると，全員が理念に独自の意味を見い出していることがわかった。

インタビューを実施した企業の理念は「おもしろおかしく」であるが，返った答えは「協力的な姿勢」「チャレンジ・エキサイティング」「モチベーション」「努力・向上」と，それぞれ異なっていた。そして，これは学生時代から大切にしてきた価値観であることが，全員から語られた。

次は，理念に「努力・向上」の意味を見い出している成員の語りであるが，彼女はオリンピックにも出場するアスリートでもある。大学時代を振り返ってこう語っている。

> 基本的に私，ちょっと変わってまして。一般学生の友達の方が多くて，授業もスポーツ学生と固まるんじゃなくて，一般学生の子たちと集まって勉強してましたし。特に学校の成績がよかったわけではなくて，スポーツ推薦で入っているので，必死で単位を取ろうというのがありました。授業は大教室でも前の方で受けてたりとか，本当に先生の顔が見える位置で絶対受けようというのは1年生から4年生までずっと思っていたことだし，実践していたことです（中略）。自分なりに頑張って勉強して，ノートも本当に結構な量を書いてたんです。そういうので，一般学生からノートを見せてくださいと頼ってもらえたりとか。（若手）

このように大学時代，一般学生に負けないよう，スポーツだけでなく懸命に

勉強をしたことが語られており，努力をし続けた姿が垣間見える。「おもしろおかしく」という言葉から，一見「努力・向上」という意味は引き出しにくい感があるが，彼女にとっては，努力することでやり遂げることや，その結果向上できることが，おもしろいことなのだろう。このように自分の価値観を理念のなかに見い出そうとしていることがうかがえる結果となった。

　2）理念的な人物
　さらに興味深いのは，「理念に見い出した意味に近い他者の言動」を「理念的」ととらえる傾向があることである。次の事例は，「みんなを巻き込んで一緒にやろうよという，協力的な姿勢」を「おもしろおかしく」ととらえている成員が，理念的な上司として挙げた事例である。ちなみに，この成員は海外営業部で営業事務を担当している。

> 台湾人の上司も，本人はいっぱいいっぱい。出張も行かなきゃいけないし，やることがたくさんあって，それでも（入社して間もないインド人の部下に，仕事について）聞かれたら，自分の仕事を置いてサポートしてあげているのを私は毎日見てるんです。（中略）私なんかまだまだキャパが小さいので，自分でいっぱいいっぱいになって，だめだなと思いながらもちょっと足蹴にしてしまうこともあるんですけど，その方は一つひとつ丁寧に教えられて，みんなでそれをやろうよ，インド人の方をバックアップしていこうよというふうに声をかけてくださるんですね。（中略）責任感が強くて，部下に協力的で，そういうところはやっぱりすごいなと思います。（若手）

　このように，「協力的な姿勢」を部下に対してとっている上司の姿が語られた。このことは，本人が理念に付与した意味と理念的な人物との間に整合性がとれていることを示しているが，これは全インタビューイに見られた特徴だった。
　理念の意味を「チャレンジ・エキサイティング」ととらえている成員は，無

理なスケジュールのなか，意地でも仕事をクリアする粘り強い直属の上司を，「モチベーション」ととらえている成員は，強い意志を持って楽しんで営業に取り組む他部門の上司を，「努力・向上」ととらえている成員は，忙しいにもかかわらず自分を向上させるべく資格取得に励む先輩を挙げ，彼らから影響を受けるだけでなく，それを理念に沿った行動ととらえていることが語られた。

また，理念的な他者を複数挙げた成員の場合，いずれのケースもそれらは似通った事例[8]であることと，理念的な人物に尊敬や憧れの気持ちを抱くことも共通して見られた。

組織には数多くの上司や先輩がいる。もちろん全員が模範的なわけではなく，模範にならない言動や，参考にはするがモデルにはしないもの，まさしくモデルになりうるもの等，さまざまである。その複数いる対象のなかから，彼らはそれまでの生活史から生み出してきた価値観や志向に照らし合わせ，対象を選び取っているのである。

換言すれば，若手は自分の価値観に照らし合わせ，独自に理念に意味を見い出しており，そのフィルターを介して，適合する対象を選び出している。対象の言動は若手にとってシンボルとなり，それにより理念の意味を自分なりに解釈しているのである。

3）行動への反映

では，成員がとっている行動とはどのようなものであろうか。理念を「協力的な姿勢」ととらえていた成員は，営業のバックアップ体制の整備のため，海外支店の外国人スタッフと毎日メールでやりとりをすると言う。

> 「おもしろおかしく」につながるかどうかわからないんですけど，時差もありますので，できるだけクイックレスポンスで，ちゃんと見ているよというのは心がけています。以前は，中国支店を巻き込んでテレビ会議をしたり，いろんな方法でコミュニケーションをとって，できるだけ改善につなげるようにという方法はとりましたけども。（若手）

このように,「協力的な姿勢」を,意識してか無意識のうちにかは定かでないが,とろうしていることがわかる。ただ,「おもしろおかしくにつながるかどうかわからないんですけど」の言葉からわかるように,自分の行動が理念的であるかどうかの確信は持てないことが見受けられる。

というのも,中国支店を巻き込んでテレビ会議をしたのは,部門としての行為であり,この成員が単独で行った行動は,クイックレスポンスでメールを返すように心がけているというものである。「おもしろおかしくにつながるかどうかわからない」のは,この単独行動に対する確信のなさからくるものと考えられる[9]。

つまりモデルケースとなる対象を見て,理念の解釈を進めることは容易であるのに対し,それがすぐさま確信を持った行動に結びつくわけではないようである(図表2-3参照)。

◆ 図表2-3 ◆ 若手成員の経営理念の主観的解釈／意味とシンボルの適合

出所:筆者作成。

② 入社歴による理念の解釈・理解の違い

次に入社3年目と8年目の成員のケースを比較してみることにしよう。まず,3年目の成員であるが,この成員は開発に携っており,大学院の博士課程を修了していることや,基礎研究に対する想い入れが語られている。また,「おもしろおかしく」を「モチベーション」ととらえている。

<3年目の成員のケース>
営業の同期と話をすると,やはり市場で必要とされているものと,自分がすごいなと思うのが違うんですね。なので悪い言い方すると,ちょっと肩透か

しを食らう。こんなものがおもしろいんだと感じる場合もあるんです。でも一方で，それがやっぱり望まれてるものというところがあるんで，<u>自分が勝手におもしろいと思ってるものと，本当におもしろいものというのには少し差はあるんでしょうけど，それはまぁそうなんだろうなというのは</u>，はい。ひとりよがりじゃないですけど，（開発をしていると）ちょっと暴走する方向に行ってしまいがちなんですけど，そういう意味では，しっかりと周りが見える「おもしろい」というところが一つミソなのかなと。(A)

多分理念的なことというのは，もっと基本的な業務上に入ってきてるものなので，たとえば開発なんかですと，「おもしろおかしく」というのとは別に，品質のいいものを出していくメーカーたらんというところがあるんですけれども……。<u>早く作らないかんというのと，いいものを作らないかんというのは，やっぱり二律背反するものなので</u>。(B)

やはり僕のなかでも，<u>「おもしろおかしく」</u>って結局どういうことなのか。まぁ大体こういうことかなとか，自分のなかで噛み砕いているところがあるんですけど，実際に会長が打ち出してきた理念の奥に何があるのかというのは，やはり気になるというか。それぞれが答えを持つべきものなのかもしれないんですけれども。(C)

実際，おもしろくできたらいいなという段階ですね。<u>これをおもしろくするにはどうしたらいいんだろうというのを，自分のなかで考えるようにしてるところですね</u>。まだ答えは出てこないところなんです。(D)

(A) の語りからは，同僚との相互作用で得られた市場ニーズが，専門性を追求したい自分の理想とする働き方に反する部分があり，抵抗を感じていることが読み取れる。

同時に，(B) は部門・職務ミッションが意識されている語りであるが，こ

れも（A）同様，抵抗が見受けられる。特にそれが確認できるのが，「二律背反するものなので」という表現である。本来，品質の高いものを納期までに作ることは，「おもしろおかしく」を達成するための下位ミッションであるはずであるが，成員には戸惑いがあり，部門・職務ミッションが十分に咀嚼できていないことがうかがえる[10]。それゆえ，（C）の言葉に表れているように，理念の客観的な意味が十分に解釈できず，結果，仕事への落とし込み方がわからないのであろう（D）（図表2－4参照）。

また，このような状況であるがゆえに，本人が理念に見い出している意味とのギャップを，せめて埋め合わせたい気持ちが無意識に働いているのか，「おもしろおかしく」感じなければならないという意識が見え隠れする点も特徴的である。この理念に対する義務感のような感触[11]は，他の入社3年目と5年目の成員にも見受けられた[12]。

ただ，この一連の語りは，相互作用から得られた仕事の仕方や理念の意味が腑に落ちず，自分のなかに葛藤が生まれ，まさに手探りで理念を解釈しようとしている貴重なものである。

◆ 図表2－4 ◆　若手成員の経営理念の客観的解釈／意味とシンボルの不適合

出所：筆者作成。

＜8年目の成員のケース＞

入社8年目になると，理念をより客観的にとらえた語りを聞くことができた。この成員は設計部に所属し，ソフトウェアの開発に8年間携わっている。また，理念を「チャレンジ・エキサイティング」ととらえている。

王道を歩まないといけないというところがあって、社内だけにとどまっていると勝手なやり方みたいになってしまうんですけど、<u>社外から技術なり、やり方とかいろいろ取り入れていって、王道と言われるやり方で攻めるというか</u>。(A)

仕事のうえでも、いつまでこんな古いやり方してんねんみたいな話にはよくなりますね。(B)

(A)は、若手が理念的ととらえている尊敬する直属の上司から、常日頃から言われてきたことを振り返っての語りであるが、成員は、この上司に連れ出され、社外の複数の研究会や学会にともに参加をすることで刺激を受けたり、それを持ち帰って社内で勉強会を開催したりと、積極的に外部から技術や知識を取り込んでいることが語られている。そのような切磋琢磨しあう環境のなか、交わされた会話が(B)である。

また、その他にも、やりたいことをさせてもらえる組織文化[13]や、仕事の楽しさについても話が及んでおり、これらの経験や相互作用が上司の刷り込みと相まって、部門・職務ミッションに対する理解が進んでいることが、次の(C)の発言からもわかる。

会社の方向性とか、部門の方向性を自分のやりたいことに落とし込めたら、ずっとおもしろおかしくいけるんじゃないかなと。自分はもうそこだけ考えています。会社というか、<u>自分の周りがこういう方向性で動いているから、自分はこれをやると。興味があることをちゃんと入れ込んでいくとおもしろいですね</u>。(C)

3年目の成員が、理想と現実との狭間で戸惑いを見せたのに対し、8年目になると、「王道を歩む」という部門・職務ミッションが、具体的に説明されているだけでなく(A)、理念をどのようにすれば行動に反映させることができ

るのかも，明確に語られている（C）。そこには組織に沿った客観性が見受けられる。これは，経験を経るなかで，他者と自分との共通の解釈枠組みが形成された結果，意味あるものを自分の行動を方向づけるために，適切に利用できていることを表している。

◆ 図表2－5 ◆ 若手成員の経営理念の理解（進化）―理念の文言が抽象的

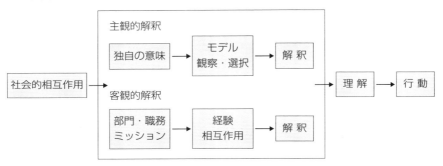

出所：筆者作成。

入社8年目の成員の理念浸透プロセスを，図式化すると図表2－5のようになるだろう。相互作用の過程で，複数いる対象のなかから，本人が理念に付与した意味に近い対象を「観察・選択」することで，主観的解釈は短期間のうちに進む。それに対し，部門・職務ミッションという客観的解釈は「経験・相互作用」を経るなかで時間をかけて進んでいく。そして，それらが統合されることで理念が理解できるようになってくる。その結果，理念をいかに行動に落とし込めばよいかがわかり，確信をもって行動に移すことができるようになるのである。

③ 経営理念の文言による客観的解釈を進める要素の違い

ただし，上述したモデルは，理念の文言が抽象的な企業の場合である。B社のように具体的な場合は，理念の「客観的解釈」に追加点があることに注意が必要である。次は，A社，B社の管理者が若き日を振り返っての語りである。

【A社管理者　経営理念「おもしろおかしく」】
やっぱり一営業マンでしたから，予算を持って走り回って注文をとって，注文がとれたら，「よっしゃ，やった，おもろいな」という，そういう意味での「おもしろおかしく」はありましたけど，ちょっとまた違うでしょう。

（しかし，本社の企画のチームリーダーになって）やっているときは大変なんですよ。何もおもしろくもないし，どうしようかと思うことは幾度もあったんですけど，それを乗り越えていったところで，何かやり遂げた達成感みたいな，「あぁ，これがおもしろおかしくなんや」というのを少し感じたような気がしますね。

【B社管理者　経営理念「創造・BEST・共感」】
ペーペーのときから，そのためにやるんだというのが，常日頃から教え込まれてきたんじゃないかと。理念という言葉ではなくて，今この仕事はこういうためにやってるんだっていうのがあって，その向こうには理念があるっていうのが，なんとなく透けて見えたんじゃないかなと。

よく部下からも「BESTになろうと言いながら，売上目標とかあるじゃないですか。これはBIGGESTじゃないんですか」っていう質問を受けるんですけども，僕も若い頃はそれすごく疑問に思ってたんですけど，そのとき教えられたのは，目的とするのはBESTで，その結果としてBIGGESTがあるんだと。だから，単にBIGGESTだけを目指すんじゃなくて，BESTを目指した結果としてBIGGESTになるようにするのが仕事なんだみたいなことを言われまして，そのときは，あぁ，そういうことかと思いましたね。（管理者）

これら2つは，管理者が理念を解釈するプロセスを時系列的に並べたものである。A社は，理念が抽象的であり，「おもしろおかしくは，経験してみて初めてわかるもの」という組織文化のもと，理念の説明をすることも，されるこ

ともないと言う。そのため，経験をすることで理念の意味が解釈できるようになるのに対し，B社は，若手の頃に，上司から理念にまつわる説明を繰り返し受けている。また，意味がわからないときは質疑応答も行っており，それにより理念の意味が解釈できたと語られている。

このことから，理念の文言が抽象的な場合は，図表2－5のようなプロセスを踏むが，具体的な企業の場合は，「客観的解釈」の部分に「理念の説明・質疑応答」が要素の1つとして加わるのである（図表2－6参照）。

◆ 図表2－6 ◆　経営理念の文言が具体的な企業の客観的解釈

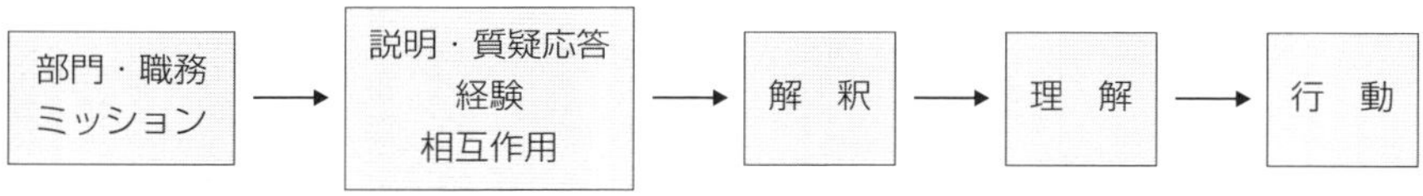

部門・職務ミッション → 説明・質疑応答 経験 相互作用 → 解　釈 → 理　解 → 行　動

出所：筆者作成。

(4) 他者の期待・支援と行動への反映

入社後比較的年月の浅い成員の経験値は低い。そのようななか，理想的と思える対象を選び取ることで，理念の主観的解釈は進んでも，それだけを頼りに，確信を持って行動に移すことは困難である。しかし，そのような状態でも行動することは求められる。では，どうすればいいのだろうか。

次は，開発にかかわる成員が，他部門の上司とのやりとりを語った事例である。この上司は「明日，仕事何しようと思うと夜眠れなくなる」というほど，やる気に満ちた強い意思の持ち主で，中途半端なことをすると厳しい言葉も飛んでくるが，成員は「圧倒される」迫力を上司に感じている。「おもしろおかしく」を「モチベーション」ととらえている成員にとり，この上司は理念的であり尊敬の念を抱いている。その上司から言われた言葉が，次のようなものである。

「こんな開発やったら要らんぞ」とかいう，ちょっと厳しめのお言葉ですね。僕ら若手に，おまえらが肝やからなという形で，「いい製品ができたら絶対売ったるよ」とかいうところですね。

　この言葉と上司の目ヂカラにより，成員は背中を押されて開発に取り組んだことが語られた。また，導入されている目標管理制度のもと，今年度の目標を書く際に，直属の上司から「おまえもうちょっとできるやろ。期待してるんやから，もっと上を目指したものを書け」と言われ，それによりモチベーションが高まったという語りも同時に出た。

　社会的相互作用から意味が生まれることを主張したBlumer（1969）は，『シンボリック相互作用論』[14]のなかで「他者の行為はある個人が何をしようと考えるかを設定するようになり，それが行動に影響を与える」[15]と言った。その意図するところは，モデリング効果だけではない。田中・深谷（1998）[16]は，そこから，「個人が他者の期待に沿って行動しようとする考え方が読み取れる」と指摘する。この指摘と，成員の事例は重なり合う。とりわけ自分に対して向けられた「他者の行為」（この場合，上司の叱咤激励）は，今自分に求められていることや，今後果たすべきことを暗黙のうちに教え，それが行動をとるときの指針になることが事例からもわかる。

　このことは，シンボリック相互作用論の関連理論の1つである「ラベリング理論」[17]でも説明がつく。「ラベリング理論」とは，たとえば「逸脱」というレッテルは，ある特定の人物に備わった属性ではなく，レッテルを貼られることで，逸脱者が生み出されるとする主張である。上述した目標を書くケースも，「君はできる」という暗黙のレッテルを上司からもらうことが，高みを目指して仕事をしようとする士気につながり，それが行動を誘発していると考えられる。

　また，期待をかけると同時に，支援をすること（フィードバック，アドバイス，協力・同意等）や，手本となる言動を見せることの必要性が異口同音に語られた。たとえば次は，周囲の支援から確信を得，それが行動につながってい

くことがわかる語りである。

> 想いを伝えて「あっ，それは大事なことだね」とみんなが思ってくれたら，みんな協力してくれますし。

　支援は必ずしも上司－若手というような1対1のやりとりである必要はない。上述した語りのように，所属部門の協力も若手に確信をもたらすには十分である。

(5)　**全体的な流れや他部門の動きを知ることの必要性**

　さらに，もう1つ注目したいことがある。(A) 上司の部下に対する理念浸透方法と，(B) 理念を感じる事例として語られたものから，一見，理念浸透と関係があるとは思えないことがらが，若手にとっては理念を感じさせる要素となることが見えた。それは組織の全体的な流れや，他部門の動きを若手に伝えることである。

> ミーティングが週1回あるんですけれど，重要な経営会議とかがあったときに，上司がかいつまんで話してくださって，今こういうふうに会社が向かおうとしている，自分たちの部門はどういうふうにかかわっていけるのかということをチーム員にフィードバックしてくれるんです。それとか，法務からどういう提案ができるかという話も日々業務のなかで話してくれるので，チーム員でも相談したりしますし，そういう瞬間が。(A)

> たとえば開発の方とかとお話しする機会も多いんですけど，開発の方なんかは，自分が勉強してきた技術をどんどん製品化していきたいというのを，すごく熱い想いを持って語ってくださったりとか。そういうのを聞いているうちに，すごく夢がある話だなと思ったりとか，それが製品になって表れたときってどんななんだろうとか，夢を話し合うことを共有する時間がすごく楽

しくて。(B)

　(A) の発言であるが、「そういう瞬間が」理念的であるとインタビューイは言った。(A) や (B) が理念浸透方法と言われると、一般的にイメージしているものと違うと感じてしまいそうではある。
　しかし、今まで見てきたように、若手の仕事は単純作業や、比較的簡単な仕事が多く、仕事に理念を見い出すことはむずかしい。そのようななか、会社の方向性が見えることで、全体像が掴め、会社とのつながりを感じることができるのだろう。自分の仕事が有機的に会社や他部門と関連性のあることに気づくことで、理念の「おもしろおかしく」を自分の仕事にも見い出すことができるようになることが (A) の語りからわかる。
　同様に、(B) のように、他部門がどのような想いで仕事に向き合っているのかがわかったとき、そこに疑似体験的な感覚や誇らしさが生まれ、理念を感じるだけでなく、それがやる気にもつながっていくようである。
　このようなあたりまえの日常業務のなかに、若手が理念を感じているのだとすれば、管理者は全体ミーティングや他部門との交流を、意識して実施すべきだろう。

(6) 発見事実の要約

　若手が理念を解釈するプロセスは3つあり、これらが統合されることで理解が進み、確信を持った行動へとつながっていくことが分析できた。

① 観察することでスムーズに進む主観的解釈

　若手は若手なりに、それまでの生活史から生み出してきた価値観や志向をもとに、理念に見い出している意味があり、その意味に近い言動をとる対象を、シンボルとして選び取り観察をし、そこから理念の意味を解釈していることが明らかになった。つまり、本人が理念に付与した意味と理念的な人物との間に整合性がとれているのである。

これは主観的解釈と言えるが，意味とシンボルとが素早く適合するため，解釈もスムーズに進む。また，それゆえにモデルに憧れや尊敬の念を抱く傾向があることもわかった。

② 理念に対する疑問を提示することで進む客観的解釈

理念に対する疑問を上司にぶつけることで，そのやりとりのなかから理念の解釈が進むケースもある。①が主観的解釈とするならば，これは客観的解釈と言うことができる。ただし，この疑問の提示というプロセスは，理念の文言が具体的な企業の場合にのみ見られた。

これと同時に，当該企業のやり方や組織文化，信念を上司から聞かされ続けることも，理念の客観的解釈を進める。

また，経営者の訓話も理念の解釈を進める一助となっているようであるが，それは瞬発的なものであり，日常的に接触する上司や先輩の影響力の方が大きいことも分析できた。

③ 経験や相互作用を経るなかで進む客観的解釈と理解

①②はともに，頭での解釈に留まっており，それがすぐさま行動に結びつくわけではない。行動に反映できるようになるためには，理念の下位概念である部門や職務ミッションへの解釈が進まなければならない。

しかし，それは若手が理想とする働き方との間にギャップが生じやすいため，無理なく解釈できるようになるためには，職務を通したさまざまな経験や，尊敬する上司・仲間との相互作用，自己研さんが不可欠である。

それらのなかに，本人が理念に見い出している意味を見ることができれば，それは自己調整プロセスにも一役買う[18]。つまり，自分が置かれた状況と，自分の行為という見地から，意味を選択したり，検討したり，変形させたりしながら[19]理念の解釈，再解釈を行い，独自に付与した意味を軸としながらも，それだけにとらわれない，組織に沿った客観的解釈を進めるのである。そのため，在籍年数を経るとともに，部門・職務ミッションの解釈は進んでいく。

これら3つのプロセスが統合されることで，理念の理解が進み，一貫性のある行動がとれるようになる。ここで，きわめて肝要なことは，①〜③のなかに，本人が理念に見い出した意味を，シンボルとして見たり体感することができるかである。

④　求められる側面的な要素
　また，入社歴の浅い成員の場合，①②を頼りに行動に移すことになる。その際，周囲の期待や支援（フィードバックやアドバイス，協力や同意等），上司の後ろ姿を見ることで，若手は気づきや勇気をもらい，それが行動に結びつくこともわかった。
　とりわけ「期待すること」の重要性は主張するに値する。これは管理者の調査からも，それを認識している発言は出なかったが，若手の理想的な行動を促し，ひいては理念の理解へ導くうえで，きわめて有効な方法であると言うことができる。
　さらに組織の全体的な流れや他部門の動きを伝えることも，側面的であるが，若手の仕事が有機的に組織とつながっていることを自覚させ，各自の仕事に意味があることを教えるうえでは肝要である。

(7)　3つのモデルとの照合

　以上のことを，3つのモデルに照らしてみると，若手はモデルとなる人物や，その人物の仕事の進め方，他部門の動き等を「観察」することで，理念の解釈を進めていることがわかる。観察から得られたことがらはヒントとなり，すべきことを若手に示してくれる。しかし，経験値が低く確信の持てない若手は，一歩踏み出す勇気が持てなかったり，単純作業のなかに理念が見い出せない状態でいる。そのとき周囲との「相互作用」が生きてくる。周囲の支援や期待は若手の背中を押し，行動へと駆り立てる。そして，「経験」を積み重ねていくことで，理念の解釈は進み，自分の仕事にどのように理念を落とし込めばよいのかが理解できるようになってくるのである。

以上から，若手が理念を解釈・理解するうえで，「観察」「相互作用」「経験」が等しく重要であるということが明らかになった。

■注
1　参考にしたものは各種新聞や雑誌である。たとえば，的場正晃（2002）「29人の経営者インタビューから見えてきたミッション経営の特徴と"人材観"」『人材教育』9月号，pp.40-43。
2　理念の浸透が高業績をもたらすことは，Deal and Kennedy（1982），Peters and Waterman（1982），Collins and Porras（1994）によって主張されてきた。
3　Peters and Watermanの調査に対しCarrollは，超優良企業ばかりの調査であるうえに企業の選択基準に偏りがあることを指摘する。それを踏まえ本調査では偏りが出ないように配慮した（Carroll, D.T.（1983）A Disappointing Search for Excellence, *Harvard Business Review*, Vol.61, No.6, pp.78-88）。
4　インタビューの依頼をした企業は10社である。そのうち承諾が下りた企業が6社である。
5　質問項目の大枠は事前に用意するが，インタビューイの回答によっては，質問の表現や内容を変えていく手法。
6　グラウンデッド・セオリー・アプローチは，その後，提唱者である2人の立場や考え方の変化とともに，方法は二分化した。そのため，厳密に言えば，本書はStrauss派（Strauss and Corbin派）の方法に従って分析を行っている（Strsuss,A. L. and J.Corbin（1998）*Basics of Qualitative Research Techniques and Procedures for Developing Grounded Theory*, Sage Publications.（操華子・森岡崇訳（2004）『質的研究の基礎──グラウンデッド・セオリー開発の技法と手順』医学書院））。
7　徳川の表現（徳川直人（2002）「相互行為とイデオロギー」伊藤勇・徳川直人編『相互行為の社会心理学』北樹出版，p.89）。
8　理念を「協力的な姿勢」ととらえている成員が語った，もう1つの事例は，
　　チーム員の和を大切にされているというか，チームミーティングとかでも一人ひとりの意見を聞いてくれたり，丁寧に説明をしてくれたり，私たちの立場に立っていろいろ物事を考えてくれてるなと。
というものであり，ここでも「協力的な姿勢」をとっているチームリーダーが挙

げられている。
9 確信は持てないかもしれないが、仕事に対しては、
> やっと自分で前に進めるようになってきて、今はもっと新しいことを吸収したいなという気持ちになっています。

と前向きに取り組んでいることが語られている。インタビューイは入社3年目である。
10 インタビューイは繰り返し、納期までに開発をすることのむずかしさを語っている。
11 社会化のプロセスにおける「過剰適応」とも言える。
12 困った状況に陥ったとき、理念を自分に「言い聞かせる」という表現をした入社5年目の成員は、次のように語った。
> 今大変だけど、ちょっと落ち着いて、やっぱり自分なりに楽しまないとだめだと思って、そういう苦しい状況も楽しもうみたいなふうに思って。

理念を言い聞かせると言う。ここにも義務感が読み取れる。
13 各層において、「やりたいことをさせてもらえる」組織文化があることが言葉を変えて語られている。それは若手の大半からも確認ができた。たとえば次の語り。
> 特に若手は（他社と比べて）やりたいことがやれるんじゃないかなと。いきなり何年目かですごく大きな仕事を任されたりというのもありますので。

14 「シンボリック相互作用論」は人間集団とその行動とを研究するためのアプローチの1つであり、「意味づけ」を検討するうえで示唆深い理論である。これは多くの研究者が論じたテーマであるが（代表的なのはこの理論の礎を築いたMead 1973）、そのなかでもBlumerの理論は、行為者の観点に立っているということ、他者との相互作用のなかで意味が編成・再編成されるということ、また、相互作用の過程にシンボルが介在することを主張する点に特徴がある。これらは職場経験の浅い若手成員の理念浸透を検討する際に重なり合う部分が多く、有益な視点を提供してくれると考えられる。本書も若手成員の調査を分析する際、参考にした理論の1つである（Blumer, H.（1969）*Symbolic Interactionism*, Prentice Hall.（後藤将之訳（1991）『シンボリック相互作用論―パースペクティブと方法』勁草書房））。
15 同書（注14参照），p.10。

16 田中茂範・深谷昌弘(1998)『意味づけ論の展開—情況編成・コトバ・会話』紀伊國屋書店,p.206。
17 Becker (1963),Schur (1971)。
18 Blumer (1969) は行為を自己調整的な意味プロセスとしてとらえている。つまり,人は相互作用を通して自分の意味世界を常に編成・創造しており,行為はこの意味世界における解釈のプロセス,たとえば他者との関係のあり方や,自分のなかに生まれる新たな意味に基づくと考えられている。
19 同書(注14参照),p.6。

第3章
管理者の経営理念浸透
―― 深化のプロセス

　第3章は,「管理者編」である。まず,ある管理者の今まで歩いてきたキャリアを紹介する。それはそのなかに,理念の理解を深化させる要素が散りばめられているからである。それを踏まえ,その後分析に入るが,管理者の理念の理解を深化させるものは,①転機となる経験,②部下対応,③観察学習の3点に集約できることが明らかになった。

　管理者はキャリアを振り返ったり,そこからの学びを現在に活かしたりと,キャリアを行きつ戻りつしながら,理念の理解を深めていくのであるが,そのプロセスを具体的に検討する。

1 インタビューイの構成

　管理者へのインタビュー調査は,2009年9月および2010年9月に実施した。インタビューイの構成は図表3-1のとおりである。

◆ 図表3-1 ◆ インタビューイの構成

(平均入社歴20年,平均年齢42.4歳)

A 社		
所属部門と役職(性別)	年齢(歳)	勤続年数(年)
管理本部副本部長(男性)	46	23
医用システム事業推進部長(男性)	44	21
財務本部経理部長(男性)	37	14

注:2010年9月当時。

B 社		
所属部門と役職(性別)	年齢(歳)	勤続年数(年)
ピアノ開発部長(男性)	44	21
カスタマーセンターマネージャー(男性)	44	20
都田プロダクション部長(男性)	42	23
アジア営業部長(男性)	40	18

注:2009年9月当時。
出所:筆者作成。

2 ある管理者の職業人生と経営理念浸透

　管理者の理念の理解が深化していくプロセスを分析する前に,ある管理者が今まで歩いてきた職業人生を,時系列的に紹介したい。と言うのも,これらの語りのなかには,管理者が理念を自分のものにしていくエッセンスが凝縮されているからである。

　1987年に入社した彼は,国内の営業本部に配属となり,しばらく営業畑を歩むことになる。会社でもトップセールスマンだったようであるが,そのときを振り返りこう語っている。

やっぱり一営業マンでしたから，結果が出たことに対する喜びみたいなものももちろんあったので，そういう意味での「おもしろおかしく」はあったんですけど，仕事に取り組む姿勢としては，なかなか「おもしろおかしく」というふうには感じにくかった部分はありますよね。

　この発言のなかで，特にキーワードとなるものが「仕事に取り組む姿勢」という言葉である。仕事をし続けていくなかで，私たちはさまざまな感覚や感情を味わうが，瞬間の達成感は理念を理解するうえでは，十分な役割を果たしてはくれない。それはもっと本質的な深く揺るぎないところからもたらされるものであることを，この言葉は示唆している。

　その後，管理者は企画部に配置転換となる。そこでは英語を使う機会が増えたり，買収にかかわるチャレンジングな仕事が増えた。チームリーダーとなったことも加わり，仕事の達成感と同時に「おもしろおかしく」とはこういうことかと，少し感じられるようになってきた。

　大きな転機は，33歳のときにやってきた。A社が買収した子会社で社長代理を務めることになったのである。とはいえ，マネジメントは素人である。バランスシートやキャッシュフロー，為替予約に人事制度，わからないことだらけだった。子会社の成員は40名程度，8〜9割は本人より年上。皆，手ぐすねを引いて，若造が何をするのかと待ち受けている，そこからのスタートだった。そのうえ，子会社の取締役になるということで，出向ではなく転籍扱いとなり，退職するよう命ぜられた。

（子会社に）骨を埋めなさいというのがメッセージですから，僕はもうA社に戻ることはない，A社の本社で仕事をする場所はないということに……。（中略）もう後ろはないわけで片道切符ですから。だから，もうこの会社でオレはやっていかな，あかんという，心が座ったというかね，気持ちが座ったというか，そういうのやっぱりありますよね。

そして，こう考えた。

> その会社に移りましたけど，転籍はしたけども，Ａグループであることに変わりはないわけですよね。だから，そのとき思ったことは，Ａ社本社というよりも，やっぱりＡグループ全体の発展，成長のために僕ができること，それをこの子会社でやることが，おまえのアサインメントやということを言われたと僕は理解したので。

買収した子会社は，研究者の集団だったこともあり，ポロシャツとＧパンで営業に行くことはあたりまえ。現場には寝袋が置かれ，缶ビールやコンビニ弁当の残骸が散らかり放題で足の踏み場もなく，どれが在庫でどれが製品かもわからなかった。さらに各人の机のうえは資料や本で埋もれていて，とても顔を合わせて話せる状態ではない。愕然としたが，まずはそれを一から指導し直すことから始めた。理念を伝えるなど無謀なことのようにも思えた。

> この人たちは「おもしろおかしく」の「お」の字も知らないし，昨日までＡ社なんて知らない人たちなんですよ。そういう人に，Ａグループに入った意味とか，Ａ社と一緒に仕事をしていくことの意味とか，それから，会社の理念である「おもしろおかしく」であったり，「オープン＆フェア」とかいろいろモットーがあるんですけど，そういうフィロソフィーをどう伝えていくかということは相当苦労しました。大上段に構えて「社是のおもしろおかしくとは……」とか，そんな話をしたって誰も聞かないし理解もできないし。私がそうであったように，やっぱり仕事を通じてそれを実感していってもらうしかないと思ったんですよね。

「仕事を通じて実感してもらう」以外に，インタビューイがとった方法は，フォーマル，インフォーマルにかかわらず，コミュニケーションをとることだった。

うちは,『日経ビジネス』に「日本一宴会の多い会社」とありましたけど,コミュニケーションを大事にしようというトップの方針がそうなっているわけですけど,そういうことに気を配って一緒によく飲みに行きました。

オーナーさんが社長さんをやってはって,一匹オオカミ的な人ばっかりだったんですけど,もうちょっと組織的に対応しようということで,半期に1回,厚生年金会館で1泊2日で,そこへ営業だけを集めたり,エンジニアの方を全員集めて,予算会議とかなんやと称して集まっては宴会してみたいなね。そういうなかで,われわれもAグループのいろんな考え方であったり,アプローチの仕方であったりを伝えていくということを,やってきたように思います。

そのようななか,ISO9001を取得することになった。成員の意識は少しずつ変わり始めていた。一匹オオカミとして働くのではなく,組織として,共に協力し合い助け合おうという雰囲気が生まれていたのだ。そして,ISOも無事取得することができた。

本社にいたら,僕はここのファンクションだから,ここのことは知りませんと言えますけど,そのとき僕は,その会社の全部の責任者でしたから,すべてのことを僕の責任のなかでやらないといけないという,そういう意味でのプレッシャーもあったし,ある意味修羅場的な,別に毎日何かがあったというわけではないんですけど,特に最初のころはしんどい,きつい経験をさせていただいたかなと。

その後,その子会社をA社が吸収合併。彼は事実上失職し,A社に再入社,本社勤務となった。仕事はその後も大変だったが楽だと感じたし,何より,ものごとに動じなくなった。それを彼は「天国」と表現する。そして,理念の意味がわかった。

仕事のなかで本質的な意味，形というよりも意味ですよね，やっぱり本当の持っている意味というか。私がそうであったように，営業のときに小さな注文をとっていることの「おもしろおかしく」ではなくて。自分がこのビジネスを引っ張っているとか，これをオレが担当していてという，大変なんですけど，その喜びみたいなところに，きっと「おもしろおかしく」があるんだろうと僕は思っているんです。

現在の部下対応はどうなのだろうか。

（会社は）やっぱりチャレンジすることに対してすごく積極的というか，それを求められているので。だから，（部下に対しても）とりあえずやらせるという感じです。僕もそういう意味ではそういう場を与えられて「チャレンジしてこい」と言って送り出されたのでね。ちょっとすごいチャレンジでしたけど。今は笑って話ができますけどね。

自身の経験や組織文化が部下対応にも反映されているようだ。仕事のやりとりで部下に聞くことがあると言う。

よく聞くことがありますね。「これはうちらしいか」「A社らしいか，これ」というのが，すごく大事なことで。（中略）そこの独自色というか独自性というか，アイデンティティがやっぱりはっきり出ていないと。そこを必ずもう1回考えてもらうということは，すごく意識していますね。

部下に尋ねるだけでなく，自身が「A社らしさを仕事のなかでいつも考えている」とも語った。「おもしろおかしく」とは，彼にとってどういう意味なのだろうか。

自分で考えて自分で行動して自分でその責任をとるということが、僕は「おもしろおかしく」やと思いますね。

営業マンだった若手の頃、「仕事に取り組む姿勢」として「おもしろおかしく」を感じることはなかったものの、今、明確に「おもしろおかしく」の意味を自分の言葉で語ることができる。それは「修羅場」を経験した賜物かもしれない。

3 結果と分析

管理者の場合、理念の理解が深化していくプロセスは3つに大別できると考えられる。

(1) 転機となる経験

事例からもわかるように、管理者にとり明らかに理念の理解に役立ったと思われるものがある。それは、ある種、痛みを伴うような「転機となる経験」である。これは全管理者が語ったものでもあり、理念の理解が深化していくプロセスにおいて避けて通れない道と言えるほど重要なものである。語られたのは、大きな仕事を任される（4名）、スランプに陥る（2名）、研修に参加して危機感を覚える（1名）というものであり、その語りからは葛藤したり挑んだりする姿が浮かび上がる。

次は、入社6年目の頃、グループリーダーになったものの、上司を頼ることができず窮地に立たされた経験を持つ管理者の語りである。

【転機となる経験】
製造現場で私、班長のような役割をしてたんですけど、トラブルがあったり、うまいこといかないと、上司に相談しにいくんですけど、一向に現場に出てきてくれないんですよ。なんとかしてくれの一点張りで。といっても知識も

経験もあんまりなかったので，迷うけど，とにかくやらないといけないんで，自分なりにやったんですけど。本当に追い込まれたときは，ガラガラっと自分のなかで崩れそうになったときもあったんですけどね。自分がやってることがすべて間違いかなんて思うこともあったんですけど。

【学び】
あ，じゃ自分でやっていけば，どんどんできるんだってわかって，とにかく動こうということを実感したのがそのときですね。

ある管理者が「何か1つのイベントがあって，その一点ですっと理念の理解が変わったという感じではないですね」と語ったように，転機となる経験は必ずしも1つではなく，経験からの学びも特定のものではない。しかし，全管理者が，そこから仕事の意義への洞察が深まったり，価値観が変化したり，自己認識が高まったりという学び[1]を得ている。

興味深いのは，転機となる経験の直後に理念の理解が深化するわけではないということである。むしろこのときは，「乗り越えた感」のような感触が先に出るようである。その後，彼らはまた別の経験をする。それは，仕事で悩んだり，達成感のある仕事を行ったり，リーダーになって部下を指導するようになるというものであるが，これらの直接経験を通して，理念が腑に落ちていくのである。

先の上司を頼ることができず窮地に立たされた管理者は，それを乗り越えた後，ポジションが上がり，責任が増すことによって理念の理解が深化していったと語っている。

【理念の理解が深化した経験】
立場的にもリーダーとなって，部下を持って，小さいながらもまとめていかなきゃいけない，そういうときに，リーダーとはなんだろうみたいな。自分でも多少本も読んだり，勉強するに至ったうえで，やはりぶれないものを当

然持っている必要があると。(中略) 改めて考えて，こう（自分のなかに）浸透していったというか。

『センスメーキング・イン・オーガニゼーションズ』のなかで，Weick (1995)[2]は，「センスメーキング・プロセスの一貫性は，信じていることよりも行ったことへのこだわりから生まれる」[3]と行為の主導性を主張する。また，「人は，自分の見ているものが自分自身の過去の行為からもたらされた結果であるという点に気づいていない。彼らが見ているものは彼ら自身が作り出したもの」[4]なのであるとも言う。管理者の語りに共通している点は，まさにこの点である。つまり，「本人にとって意味が見い出せる経験（＝転機となる経験）」の後，理念の理解が進んでいるのである。

経験の重要性は，Weick (1995) の次の主張からもうかがいしれる。彼はセンスメーキングが，「確信から開始される場合は議論と予期という形が，行為から開始される場合は，コミットメントか操作という形がとられる」[5]と言う。ここでいうコミットメントとは，行為それ自体のことを，操作とは行為の結果[6]のことをいうが，そこに焦点をあてることで意味が生み出されていくと言う。

管理者の語りは若き頃を振り返ってのものである。若き頃の成員は確信がない。そのため，議論をすることより，まず行動を起こさざるを得ないし，周囲の環境もそれを求めている。そして経験を経て，その行為に潜んでいたことがらを振り返ることで，仕事の意味や理念の理解が促され，それが確信へと結びつけられていく。言葉を換えれば，個人の能力やものの考え方が向上するような出来事が敷石となって，その後の経験に揺さぶりをかけ[7]，理念の理解が深化していくのである。

また，このプロセスのなかで，きわめて重要なことは，「転機となる経験」に対して，「乗り越えた」という感触を持てるかどうかである。転機となる経験から何を得，それをいかに信念とすることができたかが，この後に述べる「部下対応」にも影響を及ぼすのである。

(2) 部下対応

　部下対応は管理者の理念の理解を深化させるのに一役買っていると考えられる。それは，①実体験から生み出される部下対応，②組織文化の影響を受ける部下対応，③部下に語る，という3つに分類できる。

① 実体験から生み出される部下対応

　「転機となる経験」や，そこからの「学び」は，部下対応に影響を与える。先述した管理者の事例をもとに説明しよう。この管理者は，上司が不甲斐なく，経験も知識も十分ではない自分を奮い立たせた結果，「とにかく動く」ことをそこから学んだ経験を持っている。彼の部下対応とはどのようなものだろうか。

> 生産が順調でね，うまいこといってるときは，うろうろ歩いててもみんなの顔つきも違うし，ムードも違うし，かけられる声やかける声もいいし，そういうときは非常にいいですね。でも，悪いときほどやっぱり声がけというのはね。（部下が）下を向かないように努めるのは自分の役目だと思ってるので。

　彼は「部下が下を向かないように努めるのが自分の役目」と語り，製造現場を毎日巡回し，声がけすることを旨としていると言う。また，声がけの一環として，「B社で働いてよかった，B社にいてよかった，そういう企業になる必要があるというのが『共感』（B社の理念の1つ）ということですよ」と頻繁に，噛み砕いて理念の説明をするとも語っている。

　彼の部下対応は親切であり，こまやかさがある。それは，「上司が一向に現場に出てきてくれず」「ガラガラと崩れそうになった」経験や，「動けば乗り越えられる」という学びが，「部下が下を向かない」ようにしようという意識を生み，「悪いときほど声がけしよう」とする行動に結びついていると考えられる（図表3－2のAからD，BからDへの矢印参照）。

もしかして管理者は，上司との関係を振り返りつつ，「共感」しあえる関係がいかに大切か，それを部下だけでなく，自分に言い聞かせながら，声がけをしているのかもしれない。このように，「転機となる経験」「学び」と「部下対応」との間に相関性が見い出せることは興味深い。

　転機となる経験は「仕事に取り組む姿勢」を変化させる。それは仕事の本質が見えるようになるからである。それをもとに部下対応にあたることで，本質はさらに心のなかに落とし込まれ，管理者の理念の理解を深化させると考えられる。

◆ 図表３－２ ◆　管理者の転機となる経験と学び，部下対応との関係

【転機となる経験】A
製造現場で私，班長のような役割をしてたんですけど，上司にトラブルがあったり，うまいこといかないと，上司に相談しにいくんですけど，一向に現場に出てきてくれないんですよ。なんとかしてくれの一点張りで。といっても知識も経験もあんまりなかったので，迷うけど，とにかくやらないといけないんで，自分なりにやったんですけど。本当に追い込まれたときは，ガラガラっと自分のなかで崩れそうになったときもあったんですけどね。自分がやってることがすべて間違いかなんて思うこともあったんですけど

【学び】B
あ，じゃ自分でやっていけばどんどんできるんだってわかって，とにかく動こうということを実感したのがそのときですね

【理念の理解が深化した経験】C
立場的にもリーダーとなって，部下を持って，小さいながらもまとめていかなきゃいけない，そういうときに，リーダーとはなんだろうみたいな。自分でも多少本も読んだり，勉強するに至ったうえで，やはりぶれないものを当然持っている必要があると。（中略）改めて考えて，こう（自分のなかに）浸透していったというか

【部下対応】D
生産が順調でね，うまいこといってるときは，（工場を）うろうろ歩いてても，みんなの顔つきも違うしムードも違うし，かけられる声もいいし，そういうときは非常にいいですね。でも，悪いときほどやっぱり声がけというのはね。（部下が）下を向かないように努めるのは自分の役目だと思ってるので

出所：筆者作成。

② 組織文化の影響を受ける部下対応

部下対応は，本人が若手の頃に上司から受けた対応を受け継いでいるものが多くある。たとえば，若手の頃，上司から行動を優先させるよう言われた人は，部下にもまず行動を起こすよう促すことが[8]，上司から理念について聞かされ続けた人は，部下に対しても理念を含んだ説明や指示をすることが語られた。つまり組織文化の影響を受けるのである。

次の事例は「他社比較をしない」という組織文化をもとに，部下に理念を伝えようとするカスタマーセンターマネージャーの語りである。

> 比較広告ってあるじゃないですか。ああいうのは絶対やらないです。売り出したときに競合が当然あるわけですけど，どこが勝っているとか，そういう比較はタブーになっていますね。そこがやっぱり「BIGGESTよりBEST」なんですね。問い合わせ窓口でも，若い連中が，お客さんから「○社と比べてどうですか」っていう質問を受けるわけですよ。最初の頃は「質問を受けたんですけど」って来るんですが，「詳しくわかりませんので，比較して申し上げることはできません。当社のメリットはこうですから」と，自分の製品の特長だけを説明しなさいというふうには言ってますね。（中略）今のメンバーは，私が1回そういう話をしたから，他社比較はしないですよね。新人が来ても，その連中が同じシーンに出くわすときが絶対くるんですよ。そしたらそこでまた伝わるんじゃないかなと思うんですよね。それの積み重ねのような気がします。

この語りから，部下が組織文化を介して理念を理解し，それを言い伝えていくことがうかがえる。これは管理者が若手の頃，上司からあるいは周囲から言われ続けてきた当該企業の文化である。そのバトンを今度は管理者が渡す側になっている。バトンを受け，バトンを渡す。その一連の流れのなかで，文化を引き継いでいくという行為は，管理者の理念の理解を深めてくれるはずである。

③ 部下に語る

　上述したことからもうかがえるように，部下に対して語ること，これが管理者の理念の理解を深めていると考えられる。

> 製品をつくるときに私が常に気にしてるのは，誰のためのどんな製品だと。（部下に対して）こういう人がこうやって使ってくれるための製品だということを必ず伝えて，目的を教えてますので，それは理念を具現化するための製品だということはわかってもらってると思うんです。そこは理解して，皆さんピアノを開発するという行動に移してくれてると思ってますけど。

　指示や説明など，管理者には「話す」作業がついてまわる。このように仕事の目的や意義を部下に伝える機会は多くあることだろう。そのたびに管理者は理念と向き合うことになる。あらためて働く意味を考えることがあるかもしれないし，過去の経験を振り返ったり，組織文化を引き合いに出すこともあるだろう。語るほどに，それは管理者本人にも刷り込まれていき，理念の理解を深化させると考えられる。

(3) 観察学習

　成員が他の人々の行動を観察して，その組織や状況にふさわしい行動を学習したり，モデルの行動の背後にある原理・原則をルールとして学習していくのが観察学習であるが，管理者の観察学習の特徴は，①過去に観察したことを振り返る，②意図しないモデルから学ぶ，③経営者から影響を受ける，にまとめることができる。

① 過去に観察したことを振り返る

　観察学習は，現在行っている仕事や人間関係に，直接かかわりがあったり，模倣しやすいものであれば，早い段階で行動に反映させることができる。たとえば次のようなケースである。

<早い段階で行動に反映されるケース>

> 自信をすごい持ってるんだという行動をする人（上司や先輩）が多かったですかね。相手が出たらこう出るみたいな、そういう営業テクニックというようなものも大切なんですけど、そういうのよりは、いかにこっちの主義をちゃんと伝えるか、そういうスタンスですかね。（中略）変に譲歩しないっていうんですかね。その判断の方が、正しい結果を生むことが多くてですね。そうしているうちに、うちのスローガンに、「BIGGESTよりBESTになろう」というのがあって、私、結構好きなんですけれども、ああいうのなのかなぁと思ったりですとかね。

　これは管理者が若手の頃を振り返っての語りであるが、主義を伝える営業スタイルについて、複数の上司から言われ続けたり、見聞きしたことであるため、「これがウチのやり方だ」と腑に落ちやすく、本人の仕事の仕方にも早い段階で反映させることができた事例である。

　ただ、管理者は、当初は深く意味を考えずに実践したようであるが、主義を伝えるというやり方を続けていくうちに、それが功を奏し、いつしか理念とつながっていたことに気づくという語りは、行動は早い段階で模倣することができても、意味づけは後から起こることを示している。

　組織の原理・原則は、単に観察・模倣をするだけではなく、それに経験が組み合わさり、その後、気づきから意味づけが起こることで、ようやく学びが得られることがここからわかる。これを図式化すると図表3－3のようになる。

◆ 図表3－3 ◆　観察学習／行動先行型[9]

出所：筆者作成。

　これとは別に、そもそも行動に反映させるのに、かなりのタイムラグが生じる観察学習もある。

<タイムラグが生じるケース>
【観察】
> 彼（上司）はどちらかというと僕の背中を押すタイプでして，「やったらできるやろ」ということで，どんどん僕にチャンスというか仕事をくれるんですよね。手取り足取りは全く教えてくれないんですけど，「やれるやろ」ということで，多分僕のポテンシャルをちょっと超えるぐらいの仕事をポンと与えてくるんですよね。（中略）結局その人に何回もやられているうちに，できないと思っていたことができる自分に気がついたんで。

【行動】
> まずチャンスを与えるということはやろうと思っています。それは弊社の理念の「おもしろおかしく」にも通じるところがありますし，やはり成果を出して，それで仕事がおもしろいと思ってくれることは，僕はすごく大事だと思っているので，それは1つ心がけています。また，チャレンジを与えるんですけど，やはり……フェア[10]でないといけないなと思いますね。あるいは隠しごとがないというか，全員に平等に接するということは大事だろうと思っていますね。

　これは，観察した行動がリーダーシップにかかわることであるため，同じ立場にならなければ，すぐさま模倣しがたいケースである。
　管理者は過去に自分が育ててもらった仕事の仕方が，自分の可能性を広げただけでなく，それが理念に通じるところがあったことに，管理者になってから気づき，部下にも同じようにチャンスを与えようとしている。ここからも，時間をかけて気づきがもたらされることが，観察学習の1つの意義であることがわかる。
　金井らでは，「観察－行動」が近視眼的にとらえられていた。しかし，この事例のように，その場では観察するに留まるものの，10年近く経って，モデルと同じ立場になってから，それを反映させた行動がとられるものもある（図表

3－4参照)。

◆図表3－4◆　観察学習／タイムラグ発生型

出所：筆者作成。

　また，金井らでは行動と意味づけとの関係については触れられてはいなかった。それは，理論枠となったBandure（1977）の「観察学習」が「意味生成」を含めていなかったからであろう。しかし，事例のように，行動と意味づけは密接にかかわりあっている場合がある。そのため，モデルの優秀さとは裏腹に，観察者の意味づけが進まないがゆえに，行動に反映されないものもあると思われる。

② 意図しないモデルから学ぶ
　また，次のような観察学習があることが明らかになった。

> ショップ・イン・ショップ展開（楽器店や大型商業施設内などにおけるイン・ショップ展開）をしていたとき，ちょうど接客の場面を見ることができたんですけど，そのときに明らかにB社に愛着心を持って，スローガンもかなり理解しているスタッフが接客しているのと，そこのお店の店員さんがやっているのでは全然違うと。（中略）その人と遭遇したときに目からうろこのところがありました。こういう優秀な人が一生懸命やっているんだというのを実感して，刺激を受けてね。もっと士気を上げないといけないと思ったり。やっぱり市場が見えたというかですね。

　この事例は，偶然目にした他部門の非正規社員の働きぶりに，管理者があらためて，原理・原則を教えられるというものである。彼らに相互作用はなく，

ニデルにも理念を浸透させようという意図はない。しかし、観察者の意識が上がり、その後の行動に影響を与えたことは、語りから想像できる。

金井らの議論では、理念を身につけた部下の模範となる、ある種「意図するモデル」が想定されていた感がある。それは暗黙裡に、観察学習は上司と部下、先輩と後輩という上下関係のなかで起こることが想定されていたからであろう。しかし、このように、経験が蓄積され、理念の意味を理解している管理者の観察学習は、「意図しないモデル」から「見て瞬時に悟る」という形をとる場合があることがわかった[11]。これは若手には見られない観察学習の形であった（図表3－5参照）。

そういう意味では、観察学習は観察する側の能動性や成熟度、自覚により、いつでもどこでも起こりうる「偶発性」という側面があると言えるだろう。

◆図表3－5◆　観察学習／瞬時合体型

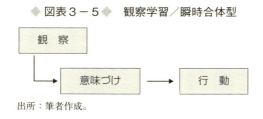

出所：筆者作成。

このように、「観察」「行動」「意味づけ」の関係には、さまざまなバリエーションがある。また、「意味づけ」されることで、理念の理解が進むことがわかる。そのため、「観察－行動－意味づけ」をワンセットととらえ、長期的視点を持ち込むことで、観察学習は理念を理解するプロセスを解明する有望な視角になり得ると言える。

③　経営者から影響を受ける

管理者の場合、経営者を観察することにより理念の理解が進むことが大きな特徴である。2人の管理者の語りを紹介しよう。

(社長は)会社に対する愛情もあるし，従業員に対する愛情もあるし，製品に対する愛情というか，本当にこの人は会社や従業員や製品のことを，ずっと考えている人だなと。それは(側で話を)聞いたらわかるじゃないですか。(ステークホルダーから)質問を受けたら，常に自分の言葉で返しますよ。オーナーシップというんですか，この人は違うと思います。ふだんは投資家のところに１人で回っているじゃないですか。そのとき社長の言っているように，言いますよね。「あぁ，そうか」と自然に刷り込まれていて，社長の代弁者みたいになれたなと。(A社)

　(社長は)同じベクトルで行きたいという想いが伝わりますし，伝えたいというのが見えますね。たとえて言うなら，背中がゆだってるんですよ，後ろ姿が。湯気が出てるのが見える。やっぱりリーダーシップをとる人はそうでないとついていかないですから。だから私も自分の部下がこれだけいるので，やっぱりゆだってますけど。ここはこう行くんだというふうにしないと，みんなついてこないっていうのがあるんでね。(B社)

　これらの語りの大きな特徴として，管理者がまず経営者の言動に強い共感を覚えていることを挙げることができる。それは，「この人は違う」「リーダーシップをとる人はそうでないとついていかない」という言葉に表れている。つまり，経営者が理想的なリーダー像として管理者の目に映っているのである。そのため，その言動にコミットし，「乗り移った」ような行動をとっていることを，本人が好ましく思っていることが見受けられる。これは他の管理者にも見られた特徴である。また，モデルである経営者の言動が素早く管理者の行動に反映されていることも特徴である(図表３－５と同様)。

　これは，観察学習のみならず，強い文化モデルが管理者に有効であることの裏づけとも言える。また，それは次のような事例からもうかがえる。両社ともに経営者と一般成員が接触する機会は１年に何度か設けられているようである。ある管理者は全社的に行われたイベントを振り返り，「社長から家族に対して

すごく温かい言葉をいただけるんですよね」と，声がけについても言及しており，経営者の言動を大きく受け止めていることがわかる。しかし，若手からはそのような発言は出ず，「強い文化」の範囲が限定的であることが，ここからうかがえる。

4 発見事実の要約と3つのモデルとの照合

以上より，得られた発見事実を要約する。管理者の理念の理解は，次の3つを経ることにより，深化していくと考えらえる（図表3－6参照）。

(1) 転機となる経験

ある種，痛みを伴うひと山乗り越える経験が敷石となり，その後の直接経験に揺さぶりをかけ，理念の理解が深化していく。ポイントとなるのは，転機となる経験に対して「乗り越えた」という感覚と，何を「学んだか」ということ

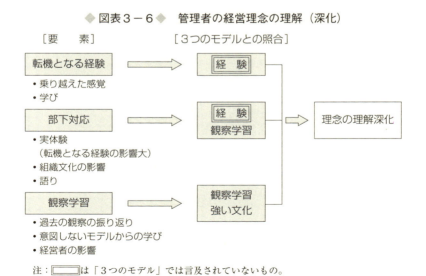

◆ 図表3－6 ◆ 管理者の経営理念の理解（深化）

注：□は「3つのモデル」では言及されていないもの。
出所：筆者作成。

である。それらは仕事の意味に気づかせるだけでなく，自信や信念となり，部下対応に影響を及ぼす。

(2) 部下対応

　部下対応をすることは，自分自身に理念を刷り込む作業でもある。なぜなら，それは仕事の本質に気づいた実体験をベースとしたり，組織文化に裏づけられた当該企業特有のやり方や考え方を継承したりするからである。

　また，管理者になると，仕事の目的や意義を部下に伝える機会が増える。そのたびに管理者は理念と向き合ったり，過去を振り返ることになる。無意識のうちに自身にも，当該企業の「らしさ」や「〜流」とは何かという問いかけを行うこともあるだろう。そして，語るほどに刷り込みが強化され，理念の理解が深化していく。

(3) 観察学習

　管理者の観察学習には，さまざまなバリエーションがある。たとえば，観察をしたときは若手であっても，それが行動に反映されたり気づきがもたらされたりするのは，管理者になってからというケースがある半面，観察をしてすぐさま，その意味を学び行動に反映させるというものもある。とりわけモデルが経営者の場合は，目指すべきモデルであることから，その理想的なリーダー像をまねることで，結果的に理念に近づいていくことが明らかになった。これは「強い文化モデル」が管理者には有効であることを物語っている。

　これらの発見事実は，金井らがフレームワークとしたBanduraの「モデリングによる学習」の域を超えるものであり[12]，理念浸透を検討する際には，「長期的視点」[13]や「意味づけ」を持ち込むことの必要性を主張できる。

　このように過去から現在までの職業人生を行きつ戻りつしながら，管理者の理念の理解は深化していく。そのなかで「経験」が最も重要であることは，主張してもし過ぎることはない。

■注

1 「経験」と「学び」についての分析は，金井・古野（2001）を参照している（金井壽宏・古野庸平（2001）「『一皮むける経験』とリーダーシップ開発」『一橋ビジネスレビュー』第49巻第1号，pp.48-67。

2 Weickでは，センスメーキングが回顧的プロセスととらえられており，自分たちが解釈するものを自分たちが生成すると考えられている。そのため，その神髄はプロセスに焦点をあてることにあると主張されている。この理論は，職場での経験が蓄積されている管理者の理念の理解を検討する際に指針を与えてくれる（Weick, K.E. (1995) *Sensemaking in Organizations*, Sage Publications.〔遠田雄志・西本直人訳（2001）。『センスメーキング・イン・オーガニゼーションズ』文眞堂））。

3 同書（注2参照），p.179。

4 同書，pp.179-180。

5 同書，p.180。

6 同書，p.223。

7 Sandbergは，コンピテンシーは個人が仕事に対して抱く意味によって形成されるとした。これに従えば，転機となる経験とその学びは，個人の仕事に対する考え方や姿勢を再構築するきっかけとなり，コンピテンシーを高める。そのような状態は，その後起こる事象に対して，意味づけや省察を引き起こしやすく，その結果，理念の理解が深化すると考えられる（Sandberg, J. (2000) Understanding Human Competence, *Academy of Management Journal*, Vol.43, pp. 9-25）。

8 たとえば次のような語り。

> 正直プレーヤーでやっている頃，上司は「自分の背中を見てやって」みたいな感じで，とりたてて「おもしろおかしくとはこういうことだ」とか言われたことは一切ないですね。逆に言うと，自分はチャンスを与えてもらったので，同じように自分の部下にもそういうチャレンジする機会を与える。おもしろおかしくなんて，実際に仕事をするなかで自分で感じるしかないと思うんですね。

9 図表3－3，3－4，3－5の命名は，「観察」と「行動」の関係を軸にした。

10 「チャレンジ」「フェア」は，A社の理念の下位概念である。

11 管理者はそのときのことを，次のようにも表現している。

> 想像の域ではグレーだったのが，カラーになったようなそんな感じですね。

　この言葉からも，観察した瞬間に，理念の理解が進み意識が高まったことがわかる。

12　Bandura（1977）の理論では，モデルを観察→記憶に留める→修正を加えて行動を洗練していく→習得した行動が価値ある結果をもたらす場合にのみ，その行動を採用する，というプロセスを踏むことで学習が進むとされている。事例としては，発達初期の子供やゴルフ・水泳が挙げられている。しかし，理念の理解とは，個人差や状況等，さまざまなものが絡み合ううえに，とりわけ「意味づけ」されることで理解が進むという特徴がある。Banduraの理論は，この複雑さに十分に対応できない。

13　Banduraも，モデリングについて「即時再生」と「遅延再生」があることに触れているが，事例としては発達初期の子供と発達後期の子供が挙げられており，理念の理解における「長期的視点」とは，時間的にも意識的にも異なるものである（Bandura, A.（1977）*Social Learning Theory*, Prentice Hall.（原野広太郎監訳（1979）『社会的学習理論―人間理解と教育の基盤』金子書房，pp.32-33））。

第4章 経営者・役員の経営理念浸透
―― 一体化・定着化のプロセス

　第4章は,「経営者・役員編」である。経営者や役員というと,理念がすっかり自分のものになっている印象がある。しかし,トップマネジメントであっても,「観察学習」や「強い文化」が生きていることが明らかになった。また,若手や管理者において確認することができなかった,「議論」の有効性がここで初めて登場する。経営者と役員にとり,理念はどのような役割を果たし,マネジメントにいかに影響を与えるのだろうか,検討をしたい。

1 役員の経営理念浸透

(1) インタビューイの構成

　役員へのインタビュー調査は,2013年7月に実施した。第2章でも触れたとおり,当初,役員への調査は考えていなかったが,別件で実施したA社の役員への調査から,経営者,管理者,若手からは導出できなかった新たな発見事実が見い出せたため,急きょ分析対象とした。インタビューイの構成は図表4－1のとおりである。

◆ 図表4-1 ◆ インタビューイの構成

(平均入社歴34年,平均年齢57歳)

役　職（性別）	年齢（歳）	勤続年数（年）
代表取締役副社長（男性）	69	46
常務執行役員（男性）	51	29
常務執行役員（男性）	51	27

注：2013年7月当時。
出所：筆者作成。

(2) 結果と分析

　役員の語りに共通している特徴がある。それは「理念」という言葉がほとんど出ないという点である。「常に理念をインプットされ，もう沁み込んでいる」と語った役員がいたように，それはすでに役員本人の一部となり，あえて言及するようなものではないのかもしれない。

　では，それに取って代わるものは何か。それは「マネジメント」である。役員の理念の理解は，経営者からマネジメントのあり方を学んだり，ともにつくりあげていくプロセスであるように見受けられる。換言すれば，経営者のあり方が役員の理念の理解に影響を与えるのである。

　この「あり方から学ぶ」際に，それを支えているものがあることがわかった。それが経営者への尊敬と感謝である。

① 経営者への尊敬と感謝

　経営者も，やっぱり社会のために，人のためにならへんかったら，結局長続きせえへんしと。いっときの金儲けなんてというふうな，そういう非常に善意的なポリシーもありますから。そやから間違ってない，ついていけるというのはありますね。

　やっぱり経営トップの度量といいますか，広さというか。怒られますよ。そ

> やけど殺されませんよね[1]。絶対に温かく育ててもらってるというのがある。それがみんなやっぱり，グローバルなメンバーもそれを感じてると思いますよ。

　このように，この人になら ついていけるという「尊敬」や，育ててもらった「感謝」が軸となり，経営者の言動がモデルケースとして，役員に迫ってくるのである。とりわけ経営者への強い感謝の念は特筆すべきものがある。次の語りは，役員が若手の頃の経営者とのやりとりを思い出しながらのものである。

> それはもう社長に「あのときに，ああ言ってくれはったんが」って。それと同じことを今，下のやつにもちゃんと言わなあかんのですけども，これまたタイミングと人を見て言わなあかんですから。

　これは役員が26歳のときに，公務としてアメリカの大学院に留学をするよう命ぜられたときのことを振り返っての語りである。役員は，当時，専務であった現経営者のもとに行き，「何をしてこいと，ちょっとはっきり聞いてないんで，行くことはもう行きますけど，一体何をしたらよろしいでしょう」と尋ねた際，経営者が言った一言，「それを考えるのも君の仕事やろ」。「あのときに，ああ言ってくれはったんが」は，この言葉を指している。役員はそのときの心情を，こう語る。

> それぐらいのこと考えられへんで，どうすんねんと。与えられたことに対してね。要は，もうそこまではアルバイトの気分だったんでしょう，僕は。おそらく学生のときから，上から言われることをやる。上から与えられたものをどう利用するかというところの境目が，やっぱりそこにあったと思いますね。

　と言い，さらにこう付け足した。

そのとき，（経営者は）アメリカの小銭をじゃらじゃら持ってはって。何か汚い袋に入れたのを「餞別や」と，こうやって（渡された）。何ドルあったんかは知らんけど。それが本当にね，僕にとっては人生の１つの分かれ道でしたね。

　このように，職業人生を振り返ったときに，経営者の存在が常にあり，ここまで来させてもらえたという感謝が色濃くあることが見受けられる。
　A社はオーナー企業であるため，それが顕著に表れるのかと思ったが，B社の経営者はサラリーマン経営者である。しかし，若き日を振り返り，創業者に対して同じように感謝を口にしていた。
　この感謝の念が，組織や経営者に対するロイヤルティやコミットメントを生み出し，強い文化と観察学習の強力な後ろ盾になっていると考えられる。それがわかるのが次の言葉である。

② 　強い文化と観察学習
　結局，一部分を任されたときは，やっぱりそうしたらええんかみたいな。で，やったんでしょうね，おそらく。今になって思うと。ごく最近気がついたんですけど，やったことは結局，（経営者と）同じことやったん違うかなと。

　役員は今日に至るまでも，さまざまな場面で経営者を観察してきたのだろう。そして，その姿にはまねたいと思えるようなリーダーシップや魅力が潜んでいたはずである。それがわかるのが次の語りである。

　（経営者は）会議とかではもう毅然とした態度で，言うべきことは言いますよね。厳しくガンガン言うんだけれども，その後で，きっちりフォローをしているようなところは。（中略）飲みながらでも「あぁ，さっきの話はな」みたいな話でこう来ると，真意が伝わるというか。

これは主義主張を行うだけでなく，いかに人の心を掴み自身の考えに巻き込んでいくのかといった掌握術を目の当たりにしたときの語りであるが，役員はそれを「経営者が長年かけて編み出してきた経営スタイル」と表現し，脱帽するような感触を持っていることがうかがえる。

　このように，経営者の言動は時間をかけて役員の心身に落とし込まれ，観察した状況と似たような状況になったときに，無意識のうちに同じ行動をとるに至ったと考えられる。これらから「強い文化」と「観察学習」が役員にきわめて有効であることがわかる。言葉を変えれば，経営者に自身を重ね合わせている感覚である。

　そして，先行研究ではその有効性が主張されながらも，若手・管理者からは，ほとんど聞かれることがなかった，議論に関する語りがここで初めて登場する。

③ 議論の重要性

> 他の業界にしてみたら，信じられないですよ。たとえば，ファイブワーキングデーで，午前，午後で10スロットあるとして，そのうちの1スロットは確実にトップとの会議で埋まっているわけですよ。10分の1をトップと会議している会社なんてね。（中略）これはやっぱり，このマルチセグメントでグローバルにやると，多品種少量グローバルというものをカバーするオペレーションスタイルなのかなというふうに思いますね。

　役員は経営者との会議を「マネジメントスクール」と表現している。それは経営参画の場面であると同時に，「トップの信念」[2]に触れながら，組織の将来を見据え，ともに議論を発展させていく場でもあるようだ。また，「マネジメントスクール」「トップの信念」という表現からも，議論を通してマネジメントやリーダーシップを学んでいることがわかる。

　金井・松岡・藤本（1997）が最も有望視した，議論から意味づけがなされるとする「意味生成」は，若手や管理者を対象としている感があったが，本調査からは，若手や管理者からそれにまつわる語りは，ほとんど出なかった。しか

し，役員のインタビューから，その有効性が認められる発言が出た。それはなぜか。

　金井（1989）は，Schon（1983）が提唱した「内省的実践家」[3]をもとに，「ピア・ディスカッションモデル」[4]を展開した。内省的実践家とは，状況と実践のなかで省察し，みずから知を生成・探求していく人であり，Schonが対象としたのは，プロフェッショナルである。しかし，日本企業の成員は一般的にはジェネラリストであり，そのような状態になるためには，振り返ることができるだけの積み重ねた経験と学び，自信が必要となるように感じる。つまり，若手や管理者のように，現場のまっただなかにいる状況では，その状態に至りにくい[5]。そのため，役員になるような年齢になって初めて，内省的かつ大局的に「議論」をすることができるようになるのではないかと考えられる。

　また，このことは，梅澤（1998，2003）が，「日本企業が思想より実務に，価値より動機に比重をかけてきたため，成員が理念を語り合ったり，理念に遡って取り組み方を探ることをしていない」[6]ことを指摘するように，日本人気質や職場の体質もあり，議論ができる環境が整備されるような職階になる必要もあるように思う。

　これは田中（2012a）が，センスメーキング（Weick 1995）が「確信から開始される場合は議論と予期という形が，行為から開始される場合は，コミットか操作という形がとられる」という主張をもとに，意味生成を生み出す要因が年齢とともに「経験」から「議論」へとシフトするとした仮説[7]を裏づける結果になった。

　管理者の観察学習には経営者への憧れ的な視点が伴っていたが，役員のそれは，経営者の言動がより現実味を帯び，冷静に全体像を把握しているように見受けられる。それは，強い文化と観察学習に，同じ土俵で「議論」をすることが加わるからだろう。管理者が経営者を上目づかいに見ているのに対して，役員は経営者と目線が合うのである。

　つまり，「強い文化」「観察学習」「議論」の3つのモデルが循環することで，経営者のあり方や，経営手法・自社の独自性等々を客観的にとらえることがで

きるようになり，そのプロセスを通して理念の理解が定着化していくと考えられる。そしてそれを支えるのが，経営者への感謝や尊敬の念である（図表4－2参照）。

これらを総合して言えることは，役員の理念浸透とは，マネジメントのなかに理念を見るプロセスであり，経営者にアイデンティファイされていくプロセスでもあると換言できるような気がする。

それゆえ，経営者が健全かつ尊敬でき，理念を心から信じている人物であれば，その経営者が語る理念や言動は役員に沁み渡り，コミットするに値するものとなるであろうし，経営者が非倫理的な考えを持っている場合は，役員も不祥事に手を染めてしまうという，負のスパイラルが生み出されてしまうのかもしれない。

◆ 図表4－2 ◆ 役員の経営理念の理解（定着化）

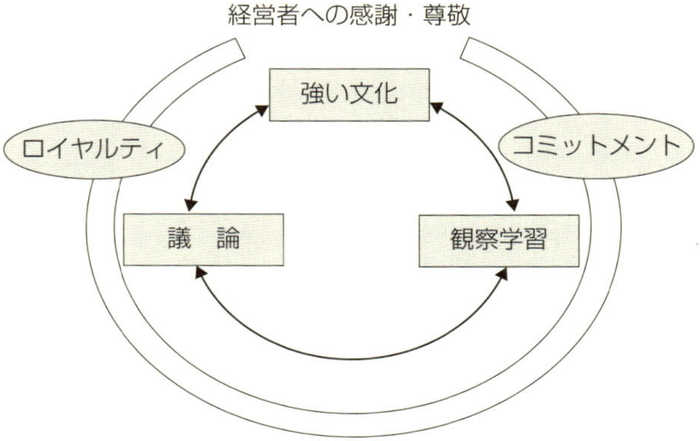

経営者への感謝・尊敬

ロイヤルティ　強い文化　コミットメント

議論　観察学習

出所：筆者作成。

2 経営者の経営理念浸透

(1) インタビューイの構成

　経営者へのインタビュー調査は，2009年9月および2010年9月に実施した。インタビューイの構成は図表4－3のとおりである[8]。

◆ 図表4－3 ◆　インタビューイの構成

（平均入社歴34.5年　平均年齢57.5歳）

経営者の特性（性別）	年齢（歳）	勤続年数（年）
A社 オーナー経営者（男性）	61	38
B社 サラリーマン経営者（男性）	54	31

注：2009年9月（B社）・2010年9月（A社）当時。
出所：筆者作成。

(2) 結果と分析

　A社の経営者はオーナー経営者二代目である。大学卒業後，アメリカの子会社に入社し，翌年本社に入社。40代半ばで社長に就任している。幼い頃から後継者になることを視野に入れた帝王教育がなされていたようである。そのせいか，いかに理念を「自分のものにする」のかということに関しては，ほとんど語られることはなかった。おそらく会社や理念について，先代から聞かされ続けていたかもしれず，疑う余地のない確固たる信念として，経営者の心に早い時期から根付いていたのではないかと思われる。

　それに対してB社の経営者は大学卒業後，B社に入社。転職や途中入社の経験はなく，50歳で社長に就任したサラリーマン経営者である。自社の組織文化や人間関係を背景に，当該企業のなかで育ち，社長に上り詰めた人物である。

そのためその語りは，管理者と共通項を多く見い出すことができた。

理念を理解する「プロセス」を検討するうえでは，組織の階段を上がってきたB社の経営者の方が，管理者の語りと連続性があるため，B社の経営者の語りを中心に検討を進めたい。

① 観察学習と強い文化

まずは，B社の経営者が，社長になった当時を振り返っての語りを紹介しよう。

> 私，社長になったときが平取から社長だったもので，全然その辺経験なかったんですよ。そのとき創業者のところに行ったときに，急に社長らしい社長ってできないんだよと，だから安心しなさいと。社長というのはあなたがこれからつくっていったらいいと。それまで僕がある程度いろんな意味でバックアップしてあげるからということで。

このように，一ビジネスマンが社長になるというのは，必ずしも心づもりがあるわけではない。創業者（あるいは会長）に励まされ，奮闘するなかで社長になっていくわけであるが，そのプロセスを通して理念の理解が進むことがわかった。

興味深いのは，このレベルになっても「観察学習」と「強い文化」が生きているという点である。次の語りは，経営者が社長になった当時，創業者の提案により「B社塾」が開催された時を振り返ってのものである。B社塾とは，各部門から質問を受け，それに対して創業者と社長が答えることにより，会社や理念について理解を深めてもらおうという取り組みである。

それが非常にいい勉強になりましたね。それはもう本当に，創業者には感謝しています。そういうふうに引っ張ってくれてですね。やっぱりそのときに，横で創業者の話を聞いてて，あぁ，理念ってこういうものかとか，こういうふうに作っていっているんだというのが非常によくわかったんです。で，僕だったらこういうふうに答えるなとかあるんですけれども，あ，こういう角度で答えられる，すごいなと。今までの経験から，すごく広くとらえて話をされるなと，ものすごく感動もしましたしね。

創業者の話というのは，今，若い人が聞いても感動すると思うんですよ。だから，私もコピーはしませんけども，そういうのを横で聞いてて，やっぱりB社の文化はここだというのはわかりますでしょう。ですから，私もオープンにそういう形で今やらせてもらってまして。4年間やってきたなかで（理念が）浸透してきたと思いますね。

このように，トップになっても，創業者の理念に対する回答を観察することで影響を受け，それと同様のことを自身のマネジメントに取り入れているという語りは，年齢や立場を越えて「観察学習」が続き，「強い文化」が有効であることがうかがえるものである。そして，それを支えているものは，役員でも触れたように，創業者への「感謝」であることが，ここからもうかがえる。

とりわけ，若手から経営者まで，「観察学習」が見られたことは特筆すべきことである。これは日本人の理念浸透を検討する際に，このモデルがきわめて有効であることを示している。

② 語 り

経営者の理念の理解を検討するうえで，重要な役割を果たしているものがある。それは各方面において，会社や理念のことを説明したり，語ったりすることである。次は機関投資家，海外の合弁会社の社長，本社の部長に対して行われた語りである。

【機関投資家に対して】

機関投資家さんはB社の数字だけ見るんじゃなくて、やはり「社長と会わせてくれ」とくるわけですよ。それで、社長の発言と顔を見てると、その会社がよくわかるというふうにおっしゃるわけですよね。だから社長と会いたいということで。社長がどういう考えなんだろうとか、どういうビジョンを持って進められているんだろう、そこを数字以上にこだわるところがあると思うんですよね。だから、それをやってると、あぁ、やっぱりリアルなフェース・ツー・フェースのミーティングというのは本当に必要なんだなと。

【海外合弁会社社長に対して】

B社UKがあったり、ジャーマニーがあったり、イタリーがあったり、それぞれのローカルの社長さんがいるわけです。で、考え方も、食生活、文化も言語も違うわけですから、やはりそういった方々が一番よくその国をご存じなんですね。音楽もご存じ、楽器の歴史もご存じ。そういった方々にやっぱりわれわれの製品を任せるというのが一番相乗効果として強いところが出るだろう。

ただしB社のフィロソフィーとか、そういったビジョンとか将来にかける方向性とか、これをきっちりとひざ詰めでフェース・ツー・フェースでやっておかないと、ぶれていくんですよね。ぶれをなくすにはまず経営理念ありきなんです。これをやっぱり浸透させていくには、やっぱりそのときそのときのいろんなダイレクションとか、方向づけするときにいろいろ話すわけですよ。必ずそういう言葉のエッセンスをそこに入れてまして。

そういうことで、常日頃からそういった方々にも、経営理念をしっかりとわかっていただくために、いろんな形のミーティング、それは個別ミーティングもありますし、全社会議も私は常にダイレクトで話すようにしていまして、年に3回か4回ぐらいあるんですが、常にそれは意識してやっています。

【部長に対して】
「B社バリュー」というのは、B社らしい価値ですよね。それを出していってもらうことによって、価値創造と持続的成長を促していくということで説明しまして、人事であっても、経理であっても、総務であっても、B社らしさをそこで出してほしい。
B社らしさというのはなんだ。今までのB社の文化をきっちり継承して、先輩から後輩にB社の文化を、やはり口伝えといおうか、フェース・ツー・フェースで話してもらって、それが基本で、今だったらJ-SOXとか内部統制とか、コンプライアンスとか、そういったテーマが出てきます。そこにB社らしく、ルールはルールで守らないとだめですけれども、B社らしい形で仕上げていってほしいということで、「B社バリュー」という形で話しています。

これ以外にも、支店に出向いたり、各部門の成員を対象にしたりしながら、各方面において話す機会を積極的に設けていることが語られた。これはA社の経営者も同様だった。また、伝えるための工夫がされていることもわかった。

浸透しないキーワードはだめだと思っていましてね、それを浸透させるのが、私のアウトプットとメッセージの役目かなというふうに思っています。1回だけじゃなくて、2回、3回、4回と言うことで、徐々に浸透していくんだなというふうに思ってます。

これは本社でも海外でも、今企業としてすべきことを、キーワードにすることで伝わりやすくなるとの語りであるが、両社ともに「ファーストクラスクオリティ」「タイムワンハーフ」(以上、A社)、「チェンジ＆フォーカス」「Better Life with Music」(以上、B社)というように、理念から導かれる行動指針ともいうべきキーワードを、説明や語りのなかに盛り込んでいることが語られた。
第3章の管理者編でも検討したとおり、「語る」という作業は、取りも直さ

ず自身に理念を刷り込む行為でもある。経営者が人前で語る頻度は，管理者の比ではない。いつになくステークホルダーや上層部に対して，当該企業の歴史や理念，経営方針や状況等を語り続け，伝わるキーワードを考え，質疑応答で議論を行うことで[9]，理念は経営者の五臓六腑に落とし込まれていくはずである。

③ マネジメントと経営理念

マネジメントのプロセスが，経営者が理念と一体化していくプロセスでもある。それが顕著に見えるのが次の語りである。

> ある一線を越えると，もうやっぱり，B社らしさってなくなると思いますね。たとえばものづくりなんかでもそうなんですよ。「創造」的な製品をつくろうということで，ミュージシャンのために目立つような楽器をつくりますよね。それが演奏を妨げるようなデザインなら絶対に受け入れられないです。

> それ（一線）を自分自身もしっかりと（心の）なかに入れといてね，何かあったり，海外の人や内外からいろいろ言われても，この線はこうだよとしっかりと出していく。この人はここしっかり，ずっと同じことを言っているんだみたいな。そういう姿勢を，営業の人とか会社の人が見てくれてたらいいかなと思います。一緒に横において，あぁ，そうなんだということで。

B社では，顧客に負担を強いないモノづくりをするという組織文化がある。そのため理念に謳われている「創造」をもとに商品開発が行われても，それが文化と整合性がとれていなければ，もはや当該企業の商品ではなくなると経営者は考えている。経営者は「一線を越えない」，つまり組織文化からはずれない「創造・BEST・共感」を理念ととらえているのである。

これらの語りは脈々と受け継がれてきた組織文化をもとに，事業展開はもちろんのこと，そこから導出される理念の意味を，自分自身のマネジメントの指

◆ 図表4－4 ◆　経営者の経営理念の理解（一体化）

```
     ┌─────────────┐
     │  強い文化    │
 語り │マネジメント全般│
 議論 │  観察学習    │
     └─────────────┘
         理念・文化
```

出所：筆者作成。

針にもしようとしている，さらにはその姿勢を，自身が創業者の言動を横にいて観察したように，部下にも「観察学習」してほしいと願っているものである。この語りから，経営者が日々の経営管理を通して，理念と一体化してくプロセスが垣間見える（図表4－4参照）。

　また，経営者がとっている理念浸透方法として（詳細は第6章参照），下層のメールから本人の状態を読み取り返事を返す，一般成員だけを招待して誕生会を実施する，部門単位で集まってもらい質疑応答をするということ等が語られた。

　このように経営者が下層の「話を聞いてやろうとする」姿勢は，ボトムアップ型の経営を進める日本人特有の理念浸透施策であるように感じられる。そのきめ細やかさがあるからこそ，「観察学習」の有効性が，各層にわたって確認できるのかもしれない。

3 発見事実の要約と3つのモデルとの照合

　役員の理念浸透とは，マネジメントのなかに理念を見るプロセスであり，経営者にアイデンティファイされていくプロセスでもある。ここまで育ててもらったという経営者への感謝や尊敬が後ろ盾となり，観察学習・強い文化・議論が循環し合い，理念の理解が定着化していく。

　経営者の理念浸透は，自身の心のなかに絶えず理念を持ちながら，それをマネジメントの軸にし続けるプロセスである。経営者になっても，観察学習・強い文化は有効であり，公に理念について語ったり議論をするなかで，経営者と理念が少しずつ一体化していく。

■注

1　「殺されない」という表現は管理者でも聞かれた。前後の文脈から考えるに，「人らしい働き方ができる会社」という意味で使われているようである。

2　1週間の1スロットを必ず会議にあてるのは，「トップの信念」と役員はとらえている。

3　Schon, D.A.（1983）*The Reflective Practitioner :How Professionals Think in Action,* Basic Books.（柳沢昌一・三輪健二監訳（2007）『省察的実践とは何か―プロフェッショナルの行為と思考』鳳書房）。

4　ピア・ディスカッションモデルとは，内省のできる実践家同士が，地位や専門にとらわれずに，同輩（ピア）として議論すれば，理念のような曖昧模糊としたものにも，具体的な意義が見い出せるという考え方である（金井 1989，金井・松岡・藤本 1997）。

5　管理者の次のような発言がそれを物語る。キャリアを振り返り，職場環境が変化したときのことが

　　無我夢中というか，もう不安でいっぱい。もうやるしかない。

と表現されている。

6　引用は，梅澤正（1998）「新しい企業文化をつくる」『FUJI BUSINESS REVIEW』

（富士短期大学）第 8 巻第 2 号，p.30。

梅澤正（2003）『組織文化・経営文化・企業文化』同文舘出版，p.102でも言及されている。

7　田中雅子（2012a）「理念浸透プロセスの具体化と精緻化─3つのモデルを検討材料に」『経営哲学』第 9 巻 1 号，p.28。

8　2004年～2005年に，当時のA社の会長（創業者），B社の社長にインタビューを実施している。それが本調査の始まりである。その段階では，継続して調査をする意図はなく，「組織にいかに理念を浸透させるのか」を至上命題にインタビューを行った。そのため「社長論」的な話が大半を占めた（経緯は「はしがき」を参照）。しかし，本書では，「個人が理念を理解するプロセス」を検討することを最大の目的としたため，両者の調査結果は反映させず，2009年～2010年当時の社長にあらためてインタビューを実施したときのものを，データベースとした。

9　両社ともに一方的な説明ではなく，質疑応答や対話が盛り込まれていることが確認できている。

第5章 発見事実の要約と考察
――モデル構築

　第5章は，経営者から若手までの分析結果をもとに総括を行う。まず，本調査の理論枠として提示した，3つのモデルである「強い文化モデル」「観察学習モデル」「意味生成モデル」が，各層においていかに有効なのかを，考察を加えながら要約する。

　次に，得られた発見事実をもとに本書の目的の1つである「個人の経営理念浸透プロセス」をモデル化する。また，そのモデルに基づきながら，本書の2つ目の目的である「経営理念の浸透レベル」を段階化，可視化することを試みる。

1　3つのモデル

　まず，本書がフレームワークとした3つのモデルに沿いながら，それぞれの分析結果をまとめつつ，考察を加える。

(1) 強い文化モデル

　強い文化モデルとは，経営者のリーダーシップが理念浸透を左右するという考え方である。ここでは経営者が理念を繰り返し言葉にして，行動で見本を示したり，直接，現場の成員と接して理念を語ることが肝要であると主張されてきた。

　本調査では，このモデルは対象により効果の強弱はあるが，役員，管理者にはきわめて有効であることが明らかになった。特に管理者の場合，経営者が乗り移ったような行動をとり，それを本人が好ましく思っているところに特徴が

ある。このことから経営者の影響は，管理者に一番強く表れるように見受けられる。役員と比べた場合，役員ほど経営者と議論を交わしていないため英雄視しやすいことや，理念を理解する予習の域が残されていることが，理由として挙げられるように思う。

また，役員にも経営者は強い影響を及ぼすが，管理者と比べたとき，「感謝」が後ろ盾となることが大きな特徴だった。特に転職経験がなく，役員まで上り詰めた人は，若手の頃から経営者の目配りや恩恵を受けており，育ててもらったり引っ張ってもらった感謝が，組織や経営者へのロイヤルティ，コミットメントという形となって表れていた。ある種，経営者と一部一体化している感があり，経営者の理念へのコミットの程度が，役員の理念の理解にダイレクトに影響を与えることがうかがえる結果であった。言葉を変えれば，今まで身につけてきた理念を，経営者の言動により「再確認」するということになろうか。

また，若手にも経営者の訓話や接触はシンボルとして影響を及ぼし，心に響くようであるが，それは瞬発的なものである。日常接触している管理者の方が，はるかに影響力をもっていることもわかった。

経営者はイベントや研修等で，末端層に至るまでこまやかな気配りをしていたが（詳細は第6章参照），これは日本企業特有の理念浸透施策と言うことができる。Ouchi（1981）は日米の企業の特徴を比較し，日本企業に似た特徴をもつ「タイプZ」組織の本質を，経営理念を軸としたこまやかな人間尊重の経営手法に見たが[1]，本書の調査からは，まさしくそのこまやかさが確認できる結果となった。そういう意味においては，日本企業の場合，「強い文化」というより「こまやかな文化」と言う方が適切な気もする[2]。

また，強い文化モデルでは，経営者が周囲に「与える」影響力のみに焦点があてられていたが，その経営者が影響を「受ける」相手がいた。それは創業者（会長）である。ここから，経営者であっても，本人一人のリーダーシップで，理念浸透を推し進めていくのではなく，創業者の薫陶や組織文化の影響を受けながら，「受け継いでいく」という姿勢が垣間見える。つまり，経営者にとって「強い文化」は，主体であると同時に客体でもあるのだ。これは先行研究が

触れることのなかった新たな発見事実であった。

　このことは，創業者も部下である社長に対して，こまやかな配慮をするがゆえに，経営者も客体としての学びを進めることができると思われる。「こまやか」なリーダーシップが創業者と社長の間でも見受けられたことは興味深い。

◆ 図表５－１ ◆　各層における「強い文化モデル」の効果

職　階	経営者の効果
経営者	このモデルの主体であり客体である。創業者（会長）の影響を受ける
役　員	強い効果が認められる。感謝の念が強くあり，経営者と一部一体化することで経営理念の定着化に功を奏す
管理者	強い効果が認められる。経営者が乗り移ったような行動を好んでとろうとするところが特徴的。経営理念の深化に一役買う
若　手	経営者の語りや存在は，心に響きシンボルとなる。ただし，瞬発力はあるが継続性はない

出所：筆者作成。

(2) 観察学習モデル

　本調査では，経営者から若手に至るまで，「観察学習」が行われていることが明らかになった。とりわけ経営者でさえも，創業者（会長）の言動を観察したり，自身が管理者だった頃の経営者を思い出して，マネジメントが行われていることが明らかになったことは，個人の理念浸透を検討する際に，これが最も有望なモデルと言うことができる結果であった。それは，島国で同じ日本語を遣い，察しの文化を持った日本人気質から来ているものと考えらえる。議論するより「見て学ぶ」のである。

　金井らでは，「観察学習」が近視眼的にとらえられていた感がある。「観察－行動」のスパンが短く，比較的早く行動に移されるという見方である。そのためか，モデルの持っているルールが自明視され[3]，「行動」と「意味づけ」の関係についても触れられていなかった。

しかし，本書では，「意味づけ」が起きることにより「行動」が促されたり，早く「行動」には移すものの「意味づけ」は後から起きたりすることが明らかとなり，「観察学習」には時間を要するものがあることが浮かび上がった。それは得られた重要な発見事実の1つである。たとえば次のような事例である。

◆ 図表5－2 ◆　　時系列的に見た観察学習（一例）

若手のときに上司を 観察 →ひと山乗り越えるつらい経験→上司と同じ立場になる→観察したことを 思い出す（意味づけ） → 行動 →上司ほど立派なことができず偉大さに気づく→再行動

出所：筆者作成。

　これは，「観察」をしてから10年近くが経過して，「意味づけ」と「行動」がもたらされている事例である。観察学習は，蒔いた種が時間をかけて花を咲かせるのに似ている。観察をしたときは若手であっても，時間を経て，上司と同じ立場になったとき，観察したことが色あせずに思い出され，それと同じことをしようとする姿勢は，観察学習の極意と言うことができるかもしれない。

　反面，見てすぐに悟る観察学習があることもわかった。「観察－行動」が短いスパンで起こるのは，観察した言動が，すぐさま仕事に反映できるものであったり，観察者の理念の理解がある程度進んでおり，何が理想的な言動かがわかっているような場合である。

　これらをもとに言えることは，「観察学習が単なる模倣とは異なり，モデルの背後にある原理・原則をルールとして学習していくもの」[4]であるならば，「意味づけ」が観察学習において要になるという点である。観察したことを行動に移すことで原理・原則が学べるのではなく，「意味づけ」が起こることにより，原理・原則が理解できるのである。そのため，「観察－行動－意味づけ」をワンセットととらえ，長期的視点を持ち込むことと，各人各様，各状況のバリエーションがあることを認識することが必要だろう。それは理念の理解とは

◆ 図表5－3 ◆　各層における「観察学習モデル」

職　階	モデルとなる人物
経営者	創業者（会長）
役　員	経営者
管理者	経営者
若　手	上司，先輩

注：観察学習の効果を最も上げる相手を記している。それ以外の相手から影響を受けないという意味ではない。
出所：筆者作成。

段階を踏み，時間をかけて進んでいくものであると同時に，個人差があるものだからである。

　また，金井らでは，モデルが必ずしも理想的な言動をとるとは限らないことが懸念されていたが，それさえも反面教師として，自身は理念的な行動をとる事例が見受けられた。このことは，高尾（2009）が理念に沿った行動をとる際の基軸が，「上司の評価」にあるとした仮説への回答にもなるだろう。理念は価値観であるため，「評価」や「損得」という軸ではなく，本人の価値観や倫理観に照らし合わせた「善悪」が判断基準となることが，本調査からは明らかになった。

　このことから，モデルとなる人物に成否を委ねるだけでなく，観察者の能動性や成熟度に重きを置くことで，このモデルの有効性がより説得力を持つと言える。否，もしかすると，観察者がある程度，成熟しているからこそ，行動に反映されると言ってもいいのかもしれない。

　また，もう1つ。若手は経営者には熱い語りを求めているが，管理者には態度で示してくれることを望んでいることが，全員から語られた。上司の示す態度こそが理念浸透につながると明言した若手もいる。これなども，若手が周囲の人を「観察」していることの裏返しと言える。つまり，「観て」「察する」のである。そして，「察する」ことは「意味づけ」に他ならない。

　理想的な姿を目の当たりにすることで，若手はやる気や夢をもらい，「いい

会社だ」とさえ思うようだ[5]。モデルになり得る多くのケースは，日常的な日々のなかにあった。真摯で懸命な上司の態度や仕事の仕方は，若手の胸に温存され，それ相応の立場になったとき，思い出しながら理想的な行動をとるはずである。

(3) 意味生成モデル

意味生成モデルでは，公式・非公式な相互接触や議論をすることの必要性が説かれていた。理念は曖昧模糊としたものであるため，解釈には各人のずれが生じやすい。そのため議論をし合うことで，意味が腑に落ちやすくなるというのが，このモデルの中心的な考え方であった。

本書では，意味生成を誘発するものは，年齢や立場により異なることが明らかになった。

振り返り内省できるだけの経験が蓄積されている，また組織を見渡すことができる立場にある役員以上になると，「議論」することが意味を持つ。それは「議論」が「マネジメント・プロセス」にとって必要不可欠なものだからだ。将来を見据え，組織の展望や課題を喧々諤々と議論することは，組織の望ましいあり方に接近することであり，それは経営者や役員の理念の理解を確固たるものにするのに役立っていると考えられる。

それに対して，若手および管理者の場合は「経験」が重要である。なぜならそれは本人に依拠しているからである。北居（1999）[6]が「理念の浸透によって理念にしたがった行動が生まれるのではなく，むしろ活動を通じて理念への理解が変化していく」ことを指摘し，田中（2006）[7]が「無我夢中で仕事を行い，達成し，振り返ってみると理念どおりの仕事をしていたことに気づく」ことがあると主張するように，肝要なことは個人の質が高まることであり，それを推し進めてくれるものが「経験」である。

とりわけ「転機となる経験」と，そこからの「学び」は，理念を理解するプロセスのなかでも核となる。仕事の本質に気づき，自信をもたらしてくれるからだ。これをなくして理念は身につかない，そう言っても過言ではないと思う。

◆ 図表5－4 ◆　各層における「意味生成」を誘因する要素

職　階	誘因する要素
経営者	語り，議論，観察
役　員	観察，議論
管理者	経験
若　手	観察，相互作用，経験

注：意味生成を最も引き出すものを記している。複数記しているものは，それらの要素がほぼ等しく重要なものである。また，それ以外の要素が不要という意味ではない。
出所：筆者作成。

2　「個人の経営理念浸透プロセス」のモデル構築

以上を総合して，個人が理念を理解するプロセスを図式化すると，図表5－5のようになる。

若手のときは，観察，相互作用，経験が等しく重要であるが，とりわけそれらのなかに，理念の意味とシンボルの適合を見い出すことができるかが，理念の理解の鍵を握っている。

管理者になると，転機となる経験とその学びを中心に理念の理解が深化し，役員では経営者との議論，観察が理念の理解を定着化させる。そして経営者になっても創業者（会長）との相互作用や観察は意味を持ち，公に理念について語り，マネジメントを行うなか，経営者と理念が少しずつ一体化していく。

また，在籍年数を追うごとに，理念の意味の統一を見ることができたことを付記したい。A社の事例で言えば，「おもしろおかしく」を経営者，役員，管理者は「チャレンジ・エキサイティング」「オープンアンドフェア」ととらえていたが，若手の場合は，「モチベーション」「協力的な姿勢」「努力・向上」というように，それぞれの意味を理念に見い出していた。しかし，若手のなかでも中堅に近づき，部門・職務ミッションの解釈が進んでいると見受けられた成員は，理念のなかに「チャレンジ・エキサイティング」を見い出していた[8]。

◆ 図表5−5 ◆ 個人の経営理念浸透プロセスのモデル

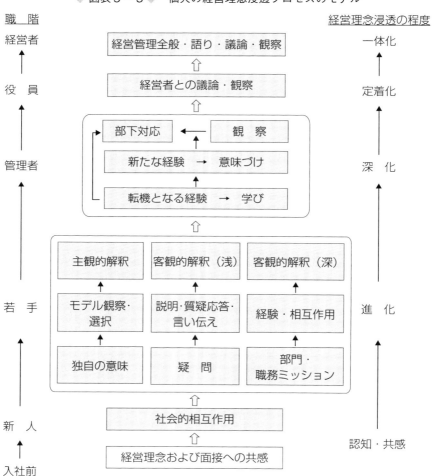

出所：筆者作成。

このことから，時間の経過とともに，統一的意味に収束されていくことがうかがえる[9]。とするならば，若手の頃に理念に見い出していた意味は，その統一的意味を達成するためのアプローチという役割を果たしているのかもしれない。

ただし，図表5－5にあるようなキャリアを歩む成員は少数であること，職業人生が1社で完結することが前提となっていること，とりわけ「おもしろおかしく」という理念の文言の特異性から，このモデルは理想的であり，一般的なモデルとは異なる部分があることを断っておきたい。

3 「経営理念の浸透レベル」のモデル構築

前述した個人の経営理念浸透プロセスのモデルをもとに，「経営理念の浸透レベル」を段階化，可視化してみたい。

本書が対象とした企業の経営理念の文言は，A社が「おもしろおかしく」と抽象的であり，B社は「創造・BEST・共感」と具体的であった。B社は若手へのインタビュー調査が実施できなかったが，管理者が若手の頃を振り返っての語りをそれと置き換えて，分析・検討した結果，大枠ではA社の若手と同様の段階を踏むことが確認できた。インタビューイの言葉を交えながら，それぞれを説明したい。

【第1レベル】経営理念を認識している段階
① 理念の文言を知っている
> （就活中に）正直言って，社是というのはこういうものかなと思ったんですけど，ほかの企業を調べるうちに，もっと長い文章があったりとか，片仮名，英語とかがあったので，本当におもしろい会社なんだろうなというのが第一の印象ですね。（若手）

② 理念の文言を覚えている
> この建物にいると，特にエレベーターには書いてありますし，紙コップに書

いてあるのが一番大きいですかね。(若手)

　第1レベルは入社前後の段階である。①は入社前あるいは入社直後の状態であり，②は入社後，経営者の訓話や新人教育，オフィス内での理念の掲示等から，理念の文言だけでなく，下位概念である行動指針等を記憶していく段階である。

【第2レベル】経営理念を主観的に解釈できる段階
③　理念を象徴するような具体例やモデルを知っている
　(理念的なモデルとなる人物は) 言葉にもするんですけれども，やはりそれを自分で体験してるというふうに感じますね。それこそ本当に，「おもしろおかしく」していこうという本人の強い意思じゃないかなと思いますね。本人もよく言うんですけど，明日，仕事何しようって思うと，夜眠れなくなるとか。(若手入社3年目)

④　理念を自分なりに解釈できる
　僕のなかでは「おもしろおかしく」はモチベーションを上げるという意味で最初とらえたんですけど，無理やりじゃないですけど，自分でおもしろくするというところもあるのかなというのは。(若手入社3年目)

⑤　理念に基づく行動とはどのようなものかを考えることができる
　やっぱり「おもしろおかしく」というのは，皆どこかでそうやらなくちゃいけないというのは思ってることだと思うので，自然とどうやったら仕事を楽しくできるかな，どうやったら人生を楽しくできるかなということは，考えはしてるところなんです。(若手入社3年目)

　第2レベルは入社後数年が経過している状態である。③では，実際にモデルとなるような理念的な人物を知っているだけではなく，理念に対する疑問を上

司にぶつけることで、そのやりとりのなかから、具体例を知ったり理念の意味を学んでいくことも含まれる。

このレベルでは周囲から理念的なことがらを見聞きすることが要となる。とりわけ理念の内容が具体的な企業の場合は、理念の文言に対する質疑応答が早い段階で行われており、それがモデルを観察するのと同様に、理念の解釈を進めていくと考えられる。

ただ、この段階では、経験値が低いゆえに、理念を主観的に「頭で解釈」しており、「⑤理念に基づく行動とはどのようなものかを考える」ことはできても、うまく反映させられない状態である。

【第3レベル】経営理念を客観的に理解できる段階
⑥ 理念を感じる経験をしたことがある

> 最初の頃はすごかったですね、それが（自分が開発に携わった商品が）雑誌に載ったりすると、わざわざそれをコピーして自分の親に送ってましたね、「これ、オレがつくったんだよ」って言って。（管理者20代後半の頃）

⑦ 理念を組織に沿った視点で理解できる

> B社とか創業者とか基本的な部分を理解するにはすごいラッキーな、非常にいい経験でした。（B社塾に参加したことで）それ以降はあんまりそういうので（仕事や理念について）迷ったりというのはなくなりましたね。（管理者20代後半の頃）

⑧ 理念を行動に反映させることができる

> 会社の方向性とか、部門の方向性を自分のやりたいことに落とし込めたら、ずっとおもしろおかしくいけるんじゃないかなと。自分はもうそこだけ考えています。会社というか、自分の周りがこういう方向性で動いているから、自分はこれをやると。興味があることをちゃんと入れ込んでいくとおもしろいですね。（若手入社8年目）

第3レベルは「理念を客観的に理解できる段階」である。これは組織に沿った視点で，理念やその下位概念が理解でき，なおかつ行動に反映させることができる段階を指す。
　このレベルに到達するためには，⑥理念を感じる経験をする必要がある。これは経験そのものだけでなく，尊敬する上司や仲間との相互作用も含まれている。「このように行動することが，理念的なのか」ということを「体得」していくことで，⑦理念を組織に沿った視点で理解できるようになる。その結果，⑧のように仕事への落とし込み方がわかってくるのである。

【第4レベル】経営理念が納得できる段階
⑨　転機となる経験をしたことがある
　　僕にとっては子会社に出たときが一番の修羅場でしたね。誰も知らない会社，うちの会社の人に聞いても誰も知らない。そこへ僕はたった1人で行くわけです。大体想像していただくとわかると思いますけど，買収された会社ですよ。しかもね，その買収した会社から33歳の若造が来るわけですよ，1人で社長代理で。皆手ぐすね引いて待ってますよね，普通。どんなやつが来るねん，さあ何するねんと。そこからスタートですから。（管理者）

⑩　理念が腑に落ちる
　　僕みたいな人間を出すこと自体が，この会社はおかしいんですよ。でも，それが「おもしろおかしく」なんですよね。（管理者）

⑪　理念を自分の言葉で説明できる
　　だから結局「おもしろおかしく」というのは，最初からおもしろおかしい仕事なんてないわけで，いろいろ苦労して乗り越えて，うまくいって初めておもしろおかしくなる。そういう意味がやっぱりフランスに行ってわかった。会社に入った瞬間に，何か楽しい仕事をいろいろさせてもらえるのかなと思いますけど，そうじゃなくて，舞台を与えられて，そのなかで自分がいろい

ろチャレンジして，自分なりに乗り越えて，何かうまいこといった。その喜びがやっぱり「おもしろおかしく」じゃないかなと思います。(管理者)

　第4レベルは，理念の意味が納得できる段階である。そのためには，⑨転機となる経験をすることが要となる。⑥の「理念を感じる経験をしたことがある」との違いは，⑥がたとえば仕事を通して喜びや達成感を味わうことができる経験であるのに対して，⑨の場合は修行的な経験である。しかし，それを乗り越えることで，⑩理念が腑に落ち，結果，⑪理念を自分の言葉で説明ができるまでになってくる。
　「第3レベルの」⑧と，「第4レベル」の⑪の語りを比べれば，その説得力には格段の開きがあることがわかる。⑧は「おもしろい」という言葉が意識して使われているものの，その意味は説明されていないが，⑪は経験から紡ぎだした自分の言葉で，理念の意味が明確に語られている。

【第5レベル】経営理念が前提になる段階
⑫　理念が行動の前提になる
　<u>製品をつくるときに私が常に気にしてるのは，誰のためのどんな製品だと。</u>こういう人がこうやって使ってくれるための製品だということを(部下に)必ず伝えて，目的を教えてますので，それは理念を具現化するための製品だということはわかってもらってると思うんです。(管理者)

⑬　理念にこだわる
　やっぱり<u>A社らしさというのをいつも考えて，どんな仕事でも「これはA社らしいか」ということ，それがすべての原点です。</u>(管理者)

　第5レベルは，理念が仕事をする際の自身の前提になり，それを部下にも求めるようになる段階である。──に表れているように，「こだわり」は「前提」がさらに深まり，仕事全般において理念を意識する状態と言える。

【第6レベル】経営理念が信念になる段階

⑭　理念を信じて疑わない

> ある一線を越えると，もうやっぱり，B社らしさってなくなると思いますね。お客さんを裏切るようなことはやってはならないという。（中略）B社の今まで培ってきた歴史に鑑みて，しっかりそれを継続したものをやっていこうということでやってるんです。やっぱり自分自身がその線をちゃんと持っていることが大事ですよ。だからぶれない。社長がぶれると全部がぶれていくんで，そういうことかなと思いますね。自分でしっかり線を持っていると。（経営者）

第6レベルは理念が信念となり，それをもとにマネジメントを推し進めていく段階である。

以上が，本調査から導出できた「経営理念の浸透レベル」であり，大枠では「認識」—「解釈」—「理解」—「納得」—「前提」—「信念」というレベルを踏むことが明らかになった。

ただ，注意点がある。それは理念の文言が具体的な企業と，抽象的な企業を比較した際，第2レベルと第3レベルにおいて違いが生じる。

理念が具体的な企業の場合は，理念の文言について，疑問が生じれば上司と質疑応答を繰り返すことができるため，③の段階で，組織に沿った理念の解釈が進みやすい。ところが，理念が抽象的な企業の場合は，質疑応答がしにくいことから[10]，モデルを見ることで理念の意味の解釈を主観的に進めることになる[11]。

そのため，④の「理念を自分なりに解釈できる」で，理念の文言が具体的な企業の方が，客観的な解釈をしている可能性が高い。しかし，それが第3レベルの⑦と同程度のものかと言われると，経験値の低さから，そこには至らない。

第3レベルの，⑥「理念を感じる経験」では，理念が具体的な企業の場合は，理念に関する知識量が多い分，それをもとに行動に移したり，「これが以前聞

第5章　発見事実の要約と考察——モデル構築　117

◆ 図表5－6 ◆　経営理念の浸透レベルのモデル

レベル		内　容
1 理念を認識している	①	理念の文言を知っている
	②	理念の文言を覚えている
2 理念を主観的に解釈できる	③	理念を象徴するような具体例やモデルを知っている
	④	理念を自分なりに解釈できる
	⑤	理念に基づく行動とはどのようなものかを考えることができる
3 理念を客観的に理解できる	⑥	理念を感じる経験をしたことがある
	⑦	理念を組織に沿った視点で理解できる
	⑧	理念を行動に反映させることができる
4 理念が納得できる	⑨	転機となる経験をしたことがある
	⑩	理念が腑に落ちる
	⑪	理念の意味を自分の言葉で説明できる
5 理念が前提になる	⑫	理念が行動の前提になる
	⑬	理念にこだわる
6 理念が信念になる	⑭	理念を信じて疑わない

注：「解釈」は頭でわかること，「理解」は頭でわかるだけでなく，実際にそれが行動に反映できること，また「腑に落ちる」は納得することの意味で用いている。
出所：筆者作成。

いたあのことか」というように，復習的な要素が入り込むが，抽象的な企業の場合は，その経験が予習となり，理念の解釈を進めることが考えられる。

このように，理念の文言により，若干の順序の違いや程度の差は生じるが，大枠では踏むレベルは同様であると考えられる。

比喩的過ぎるかもしれないが，理念浸透のレベルを天候にたとえると，第1第2レベルは，霞がかかった状態である。第3レベルで晴れ間がのぞき，第4レベルでは嵐になるものの，その後青空が広がっていく。第5第6レベルでは

雨が降ることがあっても，必ず太陽が出ると信じられる，そのような段階を踏むと言えるだろう。

ただ，これも，「個人の経営理念浸透プロセスのモデル」をもとに構築したものであるため，理想的であると言える。人によっては，早い段階で転機となる経験をする人もいるだろうし，転機となる経験を何度繰り返しても，そこから学びが得られない人もいるかもしれない。前者の場合は，短期間に第3レベルと第4レベルが圧縮したような形で，一足飛びにレベルが上がっていく可能性もあるし，後者の場合は第3レベルで足踏みをしている状態が続くかもしれない。転職や休職をすれば，停滞や後退をすることも考えられる。

理念浸透のレベルは，経験や昇進，周囲との人間関係や個人の意識等さまざまなものが絡み合いながら，前進したり，ときに後退したりするものである。個人差があることを踏まえれば，必ずこのとおりになるとは言い難い部分があることを，一言断っておきたい。

■注

1　Ouchi, W.G. (1981) *Theory Z: How American Business can Meet the Japanese Challenge*, Addison-Wesley.（徳山二郎監訳（1981）『セオリーZ—日本に学び，日本を超える』CBSソニー出版）。

2　第6章で詳細は検討するが，2社には共通した組織文化の特徴があった。それは，「こだわり」と「伸びやかさ」の相反する文化を持つというものである。そういう意味では，「相反する文化」のなかで，「こまやかなリーダーシップ」が発揮されていると言う方が，より的確である。

3　松岡久美（1997）「経営理念の浸透レベルと浸透メカニズム—コープこうべにおける『愛と協同』」『六甲台論集—経営学編』（神戸大学）第44巻第1号，p.187。

4　金井壽宏・松岡久美・藤本哲（1997）「コープこうべにおける「愛と協同」の理念の浸透—組織の基本価値が末端にまで浸透するメカニズムの探求」『組織科学』第31巻第2号，p.31。

5　若手は目の前にある事象から，全体を感じる傾向がある。たとえば次の語りからもそれがわかる。

> この会社に来て思ったことは,お仕事はすごく大変だと思うんですけど,皆さん生き生き仕事をされてて,いつも笑顔で迎えてくれるというのがあって,社是ってそういうものなのかなと,そういう人たちが集まってる会社なのかなというのは漠然と思いました。(若手)

6 　北居明(1999)「経営理念研究の新たな傾向」『大阪学院大学流通・経営科学論集』第24巻第4号,p.43。
7 　田中雅子(2006)『ミッションマネジメントの理論と実践—経営理念の実現に向けて』中央経済社,pp.160-161。
8 　この成員は入社当時から,理念のなかに「チャレンジ・エキサイティング」を見い出していたことが語られているため,分析の際,注意を要した。しかし,上司から「現状に満足しないで,ちゃんと世の中の最先端を知って,そこに挑戦していく」ように言われ続けたことで,その意味が確かなものになっていったという語りも出ており,収束されていくととらえても問題がないと考えた。
9 　ただし,統一的意味に収束されていくものの,経営者は理念の解釈に幅をもたせていることが,管理者,若手の発言から出ている。

> 創業者も言っていますけれど,それぞれの理解があっていいというふうに。(A社管理者)
> 創業者自身が,3つのスローガンは非常にベーシックなもので,一人ひとりが自由に解釈しろというようなことも,(成員向けに作成された冊子に)書かれているんですね。(B社管理者)

10 　以下は,理念の文言が抽象的な企業の管理者が部下に言った言葉。しかも,この管理者はスタッフ部門に所属している。

> 1年目には,体で覚えろと僕はよく言いますから。

11 　理念の文言が抽象的な企業でも,質疑応答がされている場合もあるかもしれない。本調査においては,2社を比較した際,具体的な企業の方が圧倒的に質疑応答がされていた。

第6章
経営理念を浸透させる仕組み・考え方

　第6章では，経営者や管理者が，組織にいかに「理念を浸透させよう」としているのかを検討する。明らかになったことは，経営者・管理者ともに，①コミュニケーション・言い伝えと，②仕組みづくりを行っていることだった。

　ただ，これらは先行研究をもとに部下対応に焦点をあて検討したため，その大半が経営理念の機能である「企業内統合の原理」に対応している。しかし，理念浸透を図るうえでは，「社会的適応の原理」が機能していることも肝要である。そこで，それに対して，どのような考え方や施策が講じられているのかを，部下対応の視点を交えながら明らかにする。

　また，理念浸透の側面的な要素として，理念の構造・内容表現の重要性と，理念が浸透した結果，生み出される組織文化についても併せて考察する。

1　先行研究に見る経営者・管理者の重要性

　「価値体系を明確にし，そこに生命を吹き込むことは，指導者のなしうる最大の貢献である。また，それこそが超優良会社のトップに立つ人々が，最も頭を悩ますことである」[1]

　これは『エクセレント・カンパニー』の一節である。経営者が理念を心から信じ，それを組織の隅々に行き渡らせることは，言葉で言うほど簡単なものではない。組織には，それぞれ思惑を持った，立場も年齢も業務も違うさまざまな人がいる。いかにすれば，それらの人々のベクトルを合わせ，理念に沿った言動へと導くことができるのか。

今まで主張されてきた経営者の役割は，粘り強く，組織を頻繁に動き回り，長い時間をかけて理念の重要性を語り続けること，つまり強いリーダーシップを発揮することである。これはアメリカの先行研究（Deal & Kennedy 1982, Peters & Waterman 1982, Bartlett & Ghoshal 1997, Tichy & Cardwell 2002）でも，日本の先行研究（金井 1986, 1997）でも主張されてきた。

　と同時に，理念浸透にとり重要なのは「サーバント・リーダーシップ」であることに言及したのは金井（2007）である[2]。これはGreenleaf[3]（1977）が提唱した概念を紹介する形で，リーダーが部下を支援することの必要性を提示したものである。

　「サーバント・リーダーシップ」とは，大きなビジョンを描いて，部下が本当に困っているときにはコーチングを行い，理念の実現のために邁進している人たちを支援するリーダーのことを言う。リーダーという言葉の奥に，理念，ビジョン，ミッション（使命）があることが大きな特徴[4]とされる。

　「サーバント」という言葉は使われていないが，同様のことを，O'Reilly and Pfeffer（2000）[5]も述べている。彼らは高い利益率を実現している企業を追究した結果，リーダーが成員を何よりも重要な資産ととらえ，彼らの資質やスキルを活かしきることに傾注し，成員から高いモチベーションと熱意を引き出すことに成功していることを発見した。そこで求められるリーダーはカリスマである必要はなく，なかには「リーダーは部下の下僕である」[6]という考え方を持っている企業さえあったと言う。

　「強い文化論」のもとに展開された「強いリーダーシップ」と，「サーバント・リーダーシップ」，これらは相反するリーダーシップのようにも思える。しかし，見方を変えれば，経営者に求められる二側面と言うことができるかもしれない。前者は「理念を語りコミュニケーションをとる」リーダーシップであり，後者は「理念を背景に支援する」リーダーシップである。

　ただ，これをたった一人の人物が実行するよりも，補完関係にある人物とともに実践する方が，成し遂げやすいことは明らかである。そこで，補完関係となるのが，管理者ということになる。

結節点としての管理者の重要性（野中 1983，金井 1986，1997，野中・竹内 1996）は指摘されて久しい[7]。これら先行研究が言及する原型を野中（1983）[8]に見い出すことができる。そこで野中の主張を詳細に見てみることとしよう。

野中（1983）は高業績企業と低業績企業の管理者のリーダーシップを調査，比較検討したうえで，高業績企業の管理者のリーダーシップの特徴として，次の5点を挙げている。

① 理念・戦略の具体化：抽象的な理念や戦略を部下の日常の行動規範にまで詰める。理念や戦略が実行されるために，現場を遊弋（ゆうよく）して，それをしつこく繰り返し，組織のメンバーのクセにまでしようとすること。

② 鮮度の高い情報の共有：情報を出所にさかのぼってナマで取ってくる。「現物を手に取ってみる」「現場に行ってみる」ということを行い，課長自らが重要な意思決定に際し，自ら現場に赴くという努力をし，部下に対しても同様の努力を要求する。また，そのようにして収集した鮮度の高い情報を共有させる努力をする。

③ 緊張の創造：企業の日常生活はルーチンがかなりの部分を占めるため，チャレンジすべき目標を折に触れて意識的に演出することによって，断続的になったり淀みがちになる集団パワーの集中力を活性化させる。

④ 組織学習の促進：部下に成功を早く体験させ，個人や組織に勢いをつけること。そのために課長は部下の背後で，さまざまな手を打つ。たとえば部下の設計や受注がうまくいくというような経験を積ませてやるような配慮をすること。

⑤ 信頼の創造：上司・同僚・部下の間で信頼関係がある。信頼と最も相関性が高い変数が，管理者の「言行一致」である。課長の日常行動は，部下に対するシグナルでありメッセージである。部下は日常の課長の行動を通じて意味を読み取る。

これは管理者のリーダーシップ全般にかかわることであり，経営者のそれとはまた違う，日々の仕事に根付いた現実的かつ具体的なリーダーシップのあり方が提示されている。

理念浸透に関しては①のみが対応しているように思いがちである。しかし，①が説得力を持つためには，②〜⑤が日々の業務のなかで実践されることが前提となる。つまり，「自ら現場に赴いて情報をとり」，「日常的に部下のやる気を高め」，「部下を支援し成功へと導き」，「言行一致」であることが，「現場レベルで提示する理念」へのコミットメントを高めるのである。

金井（1986）が，「モデリングの連鎖」の結節点として，「管理者の言動は，成員に直接に観察可能な程度，常日頃から身近に観察できる程度」[9]という点で，潜在的にモデルとして役立つ可能性が高いと言うように，管理者の言動が「言行一致」していれば，そこから部下が「原理原則」を学ぶことができるのである。

以上をまとめると，理念浸透にとり求められるリーダーシップ行動は，経営者，管理者ともに3つに分類することができるだろう。それは，以下のとおりである。

① 繰り返し理念を語ること
② 部下のために行動を起こし支援すること
③ 言動がモデルケースとなること

経営者と管理者では，これら3点のなかでも比重が変わると考えられるが，両者がとっている理念浸透の施策や考え方を，部下の発言を交えながら見ていくことにしたい。

2 結果と分析

(1) コミュニケーション・言い伝え

経営者，管理者ともに，その重要性を語ったのが，コミュニケーションをとるようにすることと，理念や組織文化を伝えていくことの必要性である。しかし，その伝え方は経営者と管理者とでは異なっていた。まず，経営者から見ていくことにしよう。

① 経営者

両社の経営者ともに，各部門や支店を回ったり，年頭のあいさつや研修で，折に触れ会社の歴史や理念・ビジョンについて語っていることがわかった。

興味深いのは，経営者が一方的に話すのではなく，成員と相対して対応するような心配りがされていたり，話の後に質疑応答を行う等，インタラクティブなやりとりが行われていたことである。場面ごとに見ていこう。

■現場・研修での語り

> やっぱりシェアするということなんですね。経営理念でもビジョンでも，もうすべてアウトプットして，従業員一人ひとりとちゃんと向き合って話をしていくと。できるだけ現場に足を運んだりとか，ことあるごとに会社全体のことをわかっていただくために，やっぱりリアルな私を見ていただこうということですよね。

このような言動を部下は肯定的に受け止めている。

> 社長の年頭のあいさつですとか，そういうときに必ず（理念が）要所要所で出てきますので，それはいつの間にか（自分のなかに）入っていったということかなと思います。（管理者）

経営者は，現場で話すとき，会社の歴史にさかのぼりながら，当該企業のものづくりへのこだわりや，世に出した商品が誰にどのように使われているのかを話のなかに盛り込んだり，必要に応じて映像や現物を見せることが肝要であると言う。

> われわれはお客様に楽器を使っていただいているわけですよ。プロミュージシャンも含めてですけども，すばらしいステージで演奏してもらったりするわけですよね。やっぱりその最高の形というのを，まず見せないとだめなん

ですよ。それはものすごく社員の励みになるわけです。それで感動して，やっぱりわれわれいい楽器つくっているんだと，もっといいものを進めてやっていこうと思ってもらえると思いますし。

　メンバーシップや自社で働く優越感を生み出すことができるような工夫が必要であると経営者は言う。
　それと同時に，成員が積極的に仕事に取り組むことができるようにするためには，セーフネットを作ることも必要だという語りも出た。

「チャレンジしなさい」（チャレンジは当該企業の理念の下位概念）と言っても，どうチャレンジするのかという問題があって，チャレンジするには必ずネガティブな現象が起こってくるわけです。だから，チャレンジしたときに成功しないことに対してのセーフネットが必要です。それを作って初めてチャレンジするような環境になるわけです。私が端的に言っているのは，失敗を財産にしなさいという表現をするんです。するとある時期から，それが働くようになるんです。

　このように，理想（理念）と現実を織り交ぜながら，組織が求める働き方へと成員を導いていこうとしていることが語りからわかった。
　また，研修等で話をした後，部下から届いたメールに返事をすることも語られた。

■メールへの返信
うちの連中はですね，いいも悪いも，何人かは絶対メールでダイレクトに返してくれるんですよ。私の話した後で，わからなかったらわかりませんとか。その言葉の一つひとつにですね，大体わかるんです。あぁ，ここはよくわかっているなと，でもここはちょっとわかっていないなとかですね。

(メールを）受ける方も大変なんですけれども，いろんな意味でのコミュニケーションという点ではやっぱり大事にしていきたいなと思います。（全員に）返事を返すのは１〜２日かかりますね。

　研修では会社の歴史や理念について触れられており，それに対する質問に返信することは，部下の理念の理解の一助となっていると考えられる。
　このように成員一人ひとりと向き合うことを心がけていることが語られたが，それを部下はどのように見ているのだろうか。

社長もわれわれに対して気遣いをしてくださってるところもあると思います。気遣いというか，できるだけ皆さんに同じ想いで，同じベクトルで行きたいという想いが伝わりますし，伝えたいというのが見えますね，それは。（管理者）

　また，仕事から離れたところで，一般成員の誕生会やビアガーデンパーティ等を実施したり，家族を招いての運動会・会社見学会等のイベントを通して，一般成員とコミュニケーションをとる努力がされていることもわかった。

■イベント・研修でのコミュニケーション
毎月誕生会というのを全社員に対して。京都ですと大体100人レベルが毎月集まるわけです。管理職は招待しないで一般の従業員だけを招待する。これはなぜかというと，管理職まで入れると，人によってそういうときに限って話しかけてくる管理職がいてブロックしよるわけです。悪気はないんでしょうけど。ですからこれをちょっとのいてもらって，一般の従業員の人たちと直で。新入社員とも話せるし，定年前の人たちも絶対１：１で話ができるんです。

　この事例はＡ社のものであるが，誕生会は，創業者が一般成員とコミュニ

ケーションを持つために始めたもので,それが本社で受け継がれているだけでなく,海外の各現地法人においても欠かすことなく実行されていることが確認できている[10]。この誕生会に関しては,役員から若手に至る全インタビューイが語るほど,組織に定着しているイベントのようである。若手は次のように話している。

> 社長さんとか役員さんとかが「ビール,どうやどうや」とか言ってくれはるんですけど,最初の1年目は,(あまりのフレンドリーさに)すごく戸惑ったりとか。みんなでイベントは楽しもう,仕事はみんなで一生懸命やっていこうとか。そういう意味では,本当に変わってるなと思います。(若手)

若手は社長と話ができる場を提供してもらえることを「ありがたい」ととらえ,管理者は「経営者の熱意」を感じると語った。このような場は,当該企業の組織文化を伝えるうえで有効であろう。

と同時に,研修にも力が入れられており[11],そこで経営者が会社や理念について熱く語る[12]だけでなく,研修後にはざっくばらんに話ができることを,若手から聞くことができた。

また,コミュニケーションをとる際に,聞くことの重要性についても語られた。

■傾聴姿勢

> アウトプットも大事なんですけれども,聞くことも大事ということで,その辺のバランスをしっかり自分なりにつくっていこうというふうに最初思ったわけですね。

傾聴姿勢は,現場での語りや,イベントでも共通して見ることができた。この下層部の話を聞いてやろうとする姿勢は,ボトムアップ型の経営を行う日本ならではのリーダーシップと言うことができる。

第6章　経営理念を浸透させる仕組み・考え方　129

　このようなコミュニケーションの積み重ねや，傾聴姿勢が功を奏し，若手は経営者のことを「雲上人」ではなく，「比較的身近な人」ととらえていることもわかった。

> 近くはないですけれども，本当に会おうと思えば会えるという環境にいるのはすごく恵まれているなと思います。（若手）

② 管理者

　管理者からも理念について説明するという話が聞かれたが，管理者のそれは経営者とはまた違うものであることが分析できた。

■部門ミッションの提示

> カスタマーセンターとしてのミッションであるとか行動指針みたいなものを作ってまして，そこはやっぱり日常よく触れるんです。で，それを提示するのと，あと，そこに触れるような日常の働きかけとかアドバイスとかいうのをやっていくことで，当社のカスタマーセンターはこういうふうにお客様と接さなければいけないというのをやってます。

　管理者は壮大な夢を語っているわけではなく，理念から導かれる部門ミッションの仕事への落とし込み方を説明しているのである。それは他の管理者からも同様の発言が聞かれたが，若手はこのような働きかけを次のように受け止めている[13]。

> うちのチームリーダーは，きちんと自分の目標をスライドにして，ブレークダウンをしてくださるんですね。なので目標も明確になりやすいですし，（目標管理に）書きやすい。経営理念から部の使命になって，そこから私たちのチーム使命になってというふうに，きちんとブレークダウンされているので，その方法はすごくいいんじゃないかなと思います。

多くの若手がこのようなミーティングから理念を垣間見ることは，第2章で検討したとおりであり，管理者が会社の全体像や，部門ミッションをわかりやすく説明することは，仕事の意味を考えさせたり，楽しさを感じさせ，部下を理念へと接近させるよい方法である。
　また，次のような説明は，理念という言葉こそ使われていないが，明らかに理念を意識させるものである。

■経営理念に照らした指示・説明
> 電子ピアノってキャビネットなので木なんですね。そうすると傷って結構つきやすいんです。じゃあどこまでの傷がいいのか悪いのか（販売できるか否か）っていうのが非常に判断がむずかしいんですね。そのときにどういう視点で見るかというと，基本的にはお客様がどういう場所で設置して，どういうふうにピアノを弾かれるか，そういうことを考えたうえで判断しましょうという話をよくします。

　最終的な判断基準は，当該企業の理念に拠ることになるが，それを背景に据えながら，商品の見極め方が語られている。このような説明は，部下の心に静かに，しかし確かに響くようである。

> 理念という前提では語られないですけども，業務を通じて，こういう信条にのっとってやっていらっしゃるのかなというのはなんとなく。部の使命として，こうおっしゃっているんだなというふうに，それは察するという形ですね。直接言われるわけではなくて。（若手）

管理者の仕事に対する真摯な姿勢から，若手は察しながら理念を学ぶようだ。

■現場の巡回と声がけ・経営理念の説明
> 今の部門は総勢100人ぐらいいて，名前と顔とどんな人かっていうのを把握する必要があるので，1日ね，午前でも1回うろうろして空気を感じ取って，ときには会話を交わしたりして，今いる人が何をして，どうやってて，どのような状況かっていうのは，できるだけ感度を上げてわかるようにはしてますけどね。最終的には人が仕事をしてるので，人のつながりやコミュニケーションが非常に大事で，ここを崩してしまうと成り立たないので。理念の話なんかも，工場で話をするときには，わかりやすく噛み砕いて，たとえることが多いですね，自分なりに。

これは，非正規社員[14]でなおかつ女性の割合が多い製造部門の管理者の発言である。正規社員同様，目配りをした行動がとられているようである。

この巡回で力点が置かれていることは，現場の空気を感じ取ることと，成員の名前と顔を覚え，今何をしているのかを把握すること，一言でもいいからやりとりを行うことである。また，何気ない日常のなかで，理念の説明がされていることも，無理がないと言える。現場でのコミュニケーションとは，一朝一夕にできるものではなく，毎日の地道なことの積み重ねであることがわかる。

また，伝えるという作業は，性差を意識することが必要であることも語られた。

■性差を意識した対応
> やっぱり男性のね，理論だけでは片づかない部分は多々ありますから。結構，だからムードとかね，つながりが大事ですし，言葉も大事ですね。黙ってたんじゃわからないですから，やっぱりちゃんと言葉にして伝えないとわからないし。逆に問題が起きても，ムードをよくして，雰囲気をよくしていけば，たとえば人の問題があったとしても，解決する問題もあったりします。

特徴的だったのは，女性の多い部門では，雰囲気をよくして，小さなことで

も声がけを行うようにしていることと，理念を説明するときも，より噛み砕いて言うことが語られたことである。

反面，男性が多い部門では，語らなくともなるべく部下と同じ空間にいるようにすることが語られた[15]。部門を構成するメンバーによって，コミュニケーションのスタイルを変える努力もされているようである。そして，このような工夫や対応を，若手はどのように受け止めているのだろうか。

> チームリーダーなんですけど，チーム員が結構女性が多いので，気を遣っておられるというのもあると思うんですけども，チーム員の和を大切にされているというか，チームミーティングとかでも一人ひとりの意見を聞いてくれたり，丁寧に説明をしてくれたり，私たちの立場に立っていろいろ物事を考えてくれてるなと。何かのミスで問題が起こって，今後はこういう改善策をとりますという説明をするときでも，必ずみんなでシェアをして，みんなでこれから間違わないようにしようというふうなフィードバックがあったり，丁寧に対応してくださる。彼自身も仕事がいっぱいあるんですけど，優先的に私たちのケアをしてくださる。（若手）

管理者の涙ぐましい努力は伝わっているようである。

次は経営者の語りであるが，管理者が他部門に出向いて，製品誕生秘話について話していることがわかった。

■開発部長の他部門での説明

> うちの開発部長も，なぜこの製品が誕生したのかという背景からすべてお話しさせてもらって，質疑応答と。そういったところは派遣の方であっても社員であってもですね，きっちりパッションを伝えていくというのは，非常に私は大事だと思っていますので，かなりその部分に関しては時間を使ったりしてます。（経営者）

第2章でも検討したが，フォーマルかインフォーマルかは別にして，他部門の話，とりわけ開発部門の人に話してもらうことは，理念を感じさせるうえで効果のある方法であるようだ。これは野中（1981）が指摘した「緊張の創造」（断続的になったり淀みがちになる集団パワーの集中力を活性化させる）を生み出していることになるが，次のような管理者の配慮も，同様の効果があると考えられる。

■経営者と成員をつなぐ
> センター長が社長にアポイントをとってくださって，会議みたいな形式で，社長と，知財センター全員とで一回いろんな話をしましょうという機会を設けてもらったので。（社長に）一社員からアポイントをとるというのはちょっとなかなかですけど，そういう機会もとろうと思えばとってくれるんだなというのは，ちょっとびっくりした思い出というか出来事でした。（若手）

管理者は，経営者と一般成員をつなぐリンキングピンであるが，事例のようにコミュニケーションの橋渡しとして，その役割が果たされていることが，若手の発言からわかった。

また，管理者が若手の頃を振り返り，直属の上司と仕事を離れて飲みにいった席で，会社のことを理解したという話も出た[16]。

■飲み会での語らい
> 週に1回か2回，祇園に飲みに行ってね。いつも誘ってくれはって，よう行ったんですよ。いろんなことを話されて，別に何がということはないんですけど，やっぱり社会人としてどうあるべきか，営業マンとしてはどうあるべきやとか，A社の社員としてはどうあるべきやとか，A社という会社はどういう会社なんやとか，そういうことを飲みながら，いろんなことをそこで教えてもらえたと思っているんですよ。それがすごく財産になったというかね。

野中の調査でも，高業績企業の課長は勤務時間外で，部門や年齢を超えてコミュニケーション活動を行っていること[17]が明らかにされていた。これと同様，この語りからも，飲みながら話すことで，組織や仕事のあるべき論が無理なく伝わったとことがわかる。

　特に若手の頃は，上司に連れられ飲みに行くという行為そのものが，社会人になったことを自覚させるように思うし，上司は何気なく話したことであっても，社会の扉が開いたように心に響き，「財産」になることがある。働く意欲や，組織へのコミットメントが高まるのは，実はこんな瞬間かもしれない。

　このように，経営者は理念を語り，管理者は理念に照らし合わせた説明やコミュニケーションを行っていることがわかった。

(2) 部下のために行動を起こす——仕組みづくり

　理念を言い伝えることは，部下の知識や記憶に働きかけるうえで意味があるが，実際に仕事をする場面では，仕事が進み，そこから理念が感じられるような支援が必要である。次に見ていくのは，経営者がとっている支援である。

① 経営者

　A社の経営者は二代目のサラブレットであり，B社の経営者は組織の階段を上り詰め50歳で社長になった生え抜きである。経営者には経営者なりに，そこに到達したキャリアがあり，そこから生み出される信念や哲学がある。特筆すべきは，それがもとになった支援や仕組みづくりが行われていることが確認できたことである。

　たとえば，A社の経営者の仕組みづくりは，自分が長となり会社を作り上げていくオーナーシップが感じられる。それに対し，B社の経営者の仕組みづくりは，管理者が実践しているそれに通ずるものがあり，組織文化を引き継いでいく姿勢が色濃く感じられた。これを踏まえたうえで，両者の部下への働きかけや仕組みづくりを紹介したい。

　まずA社であるが，一流の企業を目指し，一流の製品を作り，「ファースト

クラスクオリティ」を現在のスローガンに掲げている経営者が、その哲学を体現化するために、成員に対して実施していることがである。

■スローガンに即したイベント・施設
1センチの穴に1センチの棒は入らないですよね。だからこれは遊びがないといけないんです。でも遊びがあり過ぎると、ガタガタになるじゃないですか。なさ過ぎると焼きつくんですよ。だから人の使い方とか事業の進め方も、スーッと究極の高級感のある遊びですね、これをわれわれは目指している。

誕生会では、社員は服装はきちっとしたスーツかそういう形。けじめですね。そのかわり出す料理も安物の料理じゃなくて、シティホテルを選んで、要するにケータリングできっちりした食事を出すんです。

管理職が250人ぐらいいるんですかね。年末にクリスマスが終わった後、会社が冬休みに入る直前に幹部全員、これは全国から京都に集まって、京都のホテルで全員タキシードでパーティーをするんです。

われわれの研修所もそういうふうに（ファーストクラスを意識して）整備していますけど。一番こだわったのは実は暖炉です。夜、研修が終わったときの、あのたまらん空気をどうしたらいいか。そしたら暖炉を作って、お酒を飲み放題にする。消灯時間をなくす。その辺を全部やって。いったんここでもオンとオフというけじめですね。一生懸命やった後、遊びというものから初めて、いろんなアイデアが生まれ、オンを頑張ろうとする。オフもないといかん。これは強制的にオフも教えているわけです。必死にするなと。こういうこと（ファーストクラスを教えること）は、やっぱりあるピッチで行っていかないと。そういうこともあって、そういう機会を研修で与えたいと。

一流を知っている人間が一流の製品を作ることができる、そのためには常日

頃から一流を知り，なおかつ遊び心を持つことが必要だという哲学があるのだろう。イベントや研修，施設に，それを体感させる要素を散りばめる工夫がされていることが語られた。このような考え方や施策は，幼いころから帝王教育を受け，創業者が培ってきた人脈や背景を基盤に，オーナー経営者だからこそできる仕組みづくりと言うことができる。

それに対して，B社の経営者からは，成員に対するこまやかな配慮が聞かれた。次の2つの語りは，非正規社員に対して経営者がとった行動である。

■職場環境の整備

いろんなやりにくいことがあれば言っていただいて，常にわれわれはそれを改善していくという，働きやすい環境を作っていくことが，一番大事かなと思います。（中略）ここにいっぱいパーツが置いてあって，自分の働く場はここだと。ここで先月は何台しか組み立てられなかったけども，今月はもう1台増やそうとか，自分なりに皆さん，やっぱりそういうのはお持ちで，本当に自主的に頑張っていただいている姿が，非常に嬉しく思いますね。

■教育と研修の充実

営業の方になってきますと，ショップ・イン・ショップ（楽器店や大型商業施設内などにおけるイン・ショップ展開）というのは，店で売っていただいてますから，新製品のときの勉強会とかですね。勉強会だけでは全然足りません。これは社員以上の教育[18]をしているかもわかりませんけど，いろんな先生方に来ていただいて，お客様の接客とかマナーとかですね。私は，企業はマナーが非常に大事だと思うんですよ。マナーがいいとすばらしい企業だなと。

この他にも，非正規社員が現場での疑問を解決できるよう，交流の場をつくったり，何かあればメールをするよう伝え，管理者にはそれを常に見るよう指示していること等が語られた。

この後に紹介するが，B社では，管理者が部下に対してさまざまな支援を行っており，経営者においてもそれと同様の取り組みがされていることがわかった。これは，当該企業の人の育て方や，組織文化が影響していると考えられる。

 経営者が行う仕組みづくりは，組織に対するメッセージであると同時に，本人のキャリアや組織文化が反映されていることが特徴である。その独自性に成員は「おもしろおかしくとは一流だ」「創造・BEST・共感とは働きやすい職場環境だ」というように，暗にトップの想いや文化を受けとめ，またそれを受け継いでいくのだろう。

② 管理者
 経営者が自身のキャリアや組織文化をもとに仕組みづくりを行っているのに対して，管理者の仕組みづくりは，組織文化を反映させながらも，より部下の立場に立った現実的なものだった。

■問題への対応
 強く言ってどうこうというのはやっぱり限界があるので，いかに仕事をしやすい環境を作るか。（中略）システムの問題があったら，「そのシステムをなんとかしろ」って言うんじゃなくて，システムの問題の原因の部長と話すとか。

 「管理者ができることには限りがあるから，仕組みでフォローしていく必要がある」と語った管理者もいたが，部下が問題や困難な状況にぶつかったとき，指示だけを出すのではなく，まず管理者自らが動いて，必要な人や部門に働きかけ，ともに問題解決を図る姿勢が見られた。次の事例は，カスタマーセンターの部長がとった仕組みづくりである。

朝礼のときに「開発に参加しよう」って言ったんです。「お客さんと話して，どこで詰まってるとか，どういうとこがわかりにくいかっていう情報をみんな持ってるだろう。それを全部言ってくれ」と。それを開発に伝えて，開発者から返答をもらうっていう仕組みを作ったんです。で，新製品の開発のときに関連製品のレビューに，「この製品に関して何か情報ない？」って集めて，レポートにまとめて開発に渡すっていうことをやり出したんです。この一言一言が製品に絡んでる。で，だんだんそれを取り込んで，言ったことを反映した製品が出てくると，「あっ，言ったら製品が変わるじゃん」っていう実感が出てくるんで。

また，この他にも，開発部門と連携しあい当該部門を質問攻めにするような場を設ける，継続して研修を行うという方法等が語られ，部下が仕事を通して「実感」が持てるよう，さまざまな工夫がされていることがわかった。

次は，非正規社員にいかに理念に沿った営業スタイルを定着させるかが，時系列的に語られたものである。管理者が苦労して編み出した仕組みが功を奏し，成員が変わっていくことがわかる貴重な語りである。

■目線を合わせた対応
B社の，ショップ・イン・ショップをやっているお店もあれば，やっていないお店もあって，（ショップ・イン・ショップのスタッフが，そうでない店を指して）「あの店が安く売っているから，こちらも安くして売りたい」とか言い出すわけですよ。B社の基本的な発想，「創造の喜び」だったり，「BIGGESTよりBEST」という理念がちゃんとわかっていれば，隣の店が安く売ろうが，自分の接客に付加価値をつけて売りましょうというのが，結びつけられる結果のはずなんですよね。そういうのをちゃんと教えていないとそういうふうになっちゃうので。しかも当然，お店の人なんてもう売上げ命ですから，その空気しかないですからね。

まずB社の商品は，安く，たくさん売る商品ではないということをわかってくれと。他の商品よりも高い物の方が多いと。だから，結局，高いから付加価値も高くなくちゃいけないと。ある程度値段をキープしてあげることが，お店の利益にもなるし，B社の利益にもつながるということをわかってくれと。

途中でわかったのは立場が違うからなんですよ，多分。「○○さん（インタビューイ）の言ってることはわかるけど，本当は違うんだよなって，みんな思ってるんですよね」「だって○○さん，店頭で売ったことないでしょう」「いや，違います」とかってね。朝の3時までつき合わされてですね。

彼らは相当困ってたと思うんですよ，多分。そんなにギャーギャー言うやつじゃなかったのに，そういうのが結構出てきたというのは，本当に現場ではつらい思いをしてたからだと思いますね，おそらくね。

研修会でも（理念に関する）コーナーを作るのと同時に，あとB社本体，たとえば私や現場の営業とかの接点を多くする仕組みを作るわけですね。ミーティングをしようとか，レポートだとか，インターネットでコミュニケーションできますよとか。そういうのをできるだけやって，彼らの帰属意識とB社の考え方を広めるというところを，結構そのとき苦労したんですよね。

子飼いのやつをリーダーにして。要は，ショップ・イン・ショップの見本を作っていくというのをやりましたね。そうすると組織も活性化しますしね。頑張れない人は去っていきますし。この春に2人は正社員になりました。

「隣の店が安くてどうだ」と言っていたやつが，そのうちだんだん角が取れて丸くなっていくわけですよ。丸くなっていって，後輩が似たような相談をしているところに，「おまえ，その考え方は違う」って言ってるところ，た

> まに見たりするわけですよね。おお，よしよしと思ったりして。

> 何か実感みたいなもの，組織に貢献できているという実感を少しでも出したいなとも思っていましたね。

　当時を振り返って管理者は「相当苦労した」と言うが，この語りには示唆深い点がいくつもある。それは，管理者は当初は理念を語っていたというところである。理念に沿ってあるべき論を主張していたわけであるが，それでは埒があかない。非正規社員と深夜まで語り合った結果，立場が違うため，理想論を語っても人は動かないことに気づくのである。その後インタビューイは，非正規社員の立場を理解し，仕組みづくりに奔走する。接点を増やし，研修を実施し，成果を出した人はリーダーにし，正規社員になれるよう働きかける，その結果，理念に沿った働き方が浸透していったのである。

　懸命に仕組みづくりに取り組んだときの管理者の語りには，理念を語る姿はない。どうすれば「実感」ある働き方をしてもらえるのか，想いはそれだけである。しかし，その姿や仕組みが非正規社員の心を動かし，当初，インタビューイが強く語っていた，理想の営業スタイルへと導くことになるのである。管理者は，仕組みづくりをする際は，「継続すること」と「周囲（他の管理者）を巻き込んでフォローすること」が肝要であるとも語った。

　若手の理念浸透を検討した際に，「期待をかける」ことで，行動が促されることが明らかになったが，この事例もそれに通じるものがある。戸惑ったり，悩んでいるときに，理念をもとにした理想論をどれだけ語られても，きれいごとにしか映らない。大切なことは，目線を合わせ，勇気づけたり，寄り添ったり，励ましたりしながら，仕事が進みやすい環境を作ることである。理念浸透のために何か特別な秘策があるわけではなく，部下のことを考えた日々のリーダーシップが効果を上げることを，この事例は教えてくれる。

(3) 何がモデルケースになるのか

　経営者や管理者は，理念浸透のために，いくつもの施策をとっているが，部下の目には，経営者行動あるいは管理者行動の何が，モデルになり得るのだろうか。若手成員の言葉から探ってみたところ，両者の機能の違いが浮き彫りになった。

> 一番感動したのが新入社員の研修のときに社長講話があって，おもしろおかしくの話とか，いろんな話。就職活動で，どんな先輩社員や，部長さんから面接で受けた話よりも，一番スッと入ってきたというか。自分からやっていかはる想いというか，やっぱり聞いてて，一番スッと入ってきたというのはありますね。（若手）

> やっぱりうちの上司はすごいですよ。びっくりしたのが，本当にそれ無理なスケジュールでしょうというのが，こちらから見ていても1回，2年ぐらい前にあったんですけど，そういう仕事でも意地でもクリアしていくというか。本当に粘り強い部分をずっと見ていましたので，これはそういうふうにやっていきたいというか，やっていければと思います。嫌いでは絶対にあそこまでできないですよ。仕事に対する思い入れがしっかりしているという。（若手）

　上の語りは経営者のことを，下の語りは管理者のことを，若手が語ったものである。壮大な夢を熱く語る経営者の話が，社内の誰の話よりも響いたという語りは，経営者が組織のシンボルとしての役割を果たし，その姿がモデルとなることを物語っている。
　それに対して管理者は，仕事をする後ろ姿に敬意が払えるかどうかが鍵を握っている。上司の「粘り強い姿勢」を見た若手は，上司の「仕事に対する思い入れ」をそこから感じ，本人も「そういうふうにやっていきたい」と語って

いる。若手は理念のなかに「チャレンジ」という意味を見い出しており，それと上司の行動が重なることから，「うちの上司はすごいですよ」という言葉が引き出されたと考えられるが，このように管理者は語らなくとも，働きぶりが理念を感じさせ，モデルとなることがわかる。

経営者は理想を語る姿に，管理者は現場での後ろ姿に，モデルになり得る要素が隠されているのである。

ここまで，先行研究に照らし合わせながら，経営者・管理者の理念浸透施策を見てきた。しかし，ここで忘れてはならないことがある。

「経営理念の機能・効果」には，「企業内統合の原理」と「社会的適応の原理」の2つの機能があり，双方が機能して初めて理念が浸透していると見ることができる。

経営者・管理者の「理念を浸透させる」仕組みや考え方は，成員にかかわることであるため，その大半が「企業内統合の原理」に対応している。

しかし，理念浸透を図るうえでは，「社会的適応の原理」が機能しているかどうかまで分析をしなければ，車輪の両輪を確認したことにはならない。

そこで，「社会的適応の原理」にまつわる経営者・管理者の発言から，どのような施策が講じられているのか，またそれが部下対応にいかに反映されているのかを見ていくことにしたい。

(4) 「社会的適応の原理」の視点

社会的適応の原理には「正当化機能」と「環境適合機能」がある（第1章3(3)参照）。その2つについて検討していこう。

① 正当化機能

正当化機能には，組織の存在意義や方向性を外部に明示するという機能がある。経営者や管理者は，それに対してどのように向き合っているのだろうか。

> われわれはコンペティターであっても決してけなさない。もう，あたりまえのことなんですけどね。同業なんで一緒に発展していくことが私は望ましいと思っているんです。だからB社は他社のまねはしないし，他社がいろんなものを出してきても，B社はB社でお客様の意見を聞いて，しっかりと開発していく，次の製品をつくっていく。そういったところが非常に私は大事だと思っているんですね。（経営者）（A）

> 「これはうちらしいか」「A社らしいか，これ」というのが，すごく大事なことで，やっぱり独創性というか，わがままというかもしれませんけど。同じことを右から左に，他社がやっているしやりますとか，そんなのは最低の提案なんですよ。もちろん他社がやっているからやらなあかんこともあるんですよ。でもそのなかでも，ちょっと一味変えてわれわれらしさを出してそれをやるという，そこの独自色というか独自性というか，アイデンティティがやっぱりはっきり出ていないと。（管理者）（B）

　（A）の他社をけなさない，まねないとうのは，当該企業の組織文化であり，管理者からも共通の語りが出ている。これらは組織を貫く価値観であり，それをもとに商品を生み出していく姿勢を明確に表明していることは，全社挙げて組織の存在意義や方向性を打ち出していると言える。
　また，（B）のように，「らしさ」にこだわり[19]，それを部下にも求める姿勢は，部下の理念の理解にも一役買っていると考えられる。

② 環境適合機能
　環境適合機能とは，ステークホルダーとの信頼関係を形成したり，社会的価値や時代のニーズに適合しながら活性化を図る際に，指針となる機能のことである。

> 日本分析機器工業会の会長をしてるんですけど，今まで敵対していたのを融

和というか一緒にしようというふうに持っていって（中略）。社内でもそういう形でプロモートしています。工業会という非常に公的で競合が集まっているところでも，「オープン＆フェア（A社の理念の下位概念）」なんです。今までは各企業がうまく出し抜いて工業会の名前で，自分のところだけ有利にいこうというのが基本的な考え方だったのを，そういう考えを持っている古手は全部のいてもらったんです。うちの影響を受けた人間に，もうちょっと当社にメリットがでるようにやったらいいなとは思いつつですね（笑），工業会という立場で活動してくれると，他の会社のこともわかるんです。要するに誘導してきて自社のメリットだけではないなということです。（経営者）（A）

協力してくれる部品メーカーさんとかも互助会みたいなものがあって，ずっとおつき合いいただいてる会社さんもありますし，安いからといって相見積もりとって，こっちに変えるというようなドライなやり方，そういう部品選定をすることもなくはないですけど，やっぱりそういうパートナーシップみたいなところは重視してますよね。そういう一つひとつのアクションが，手繰っていくと理念に根差してるのかなっていう気はしますけどね。（管理者）（B）

開発に関して，特に楽器，音楽が好きな人が入ってきて，それはそれで非常にいいんですけれども，あまり固定観念が強くなり過ぎると新しい発想が出てこないというのもあって，「創造」や「共感」からはずれますので，そこはやっぱり会社として検討会とか，市場動向をきっちりリサーチしてやっていく，そのシステムはでき上がっています。（経営者）（C）

（A）（B）は，ステークホルダーの調整や信頼関係の形成に関する語りであり，（C）は時代のニーズに適合しようとする語りである。いずれも理念が指針となっているだけでなく，（A）（C）ともに，部下にもステークホルダーや

マーケットを意識させることが意図されている内容となっている。

　特徴的だったのは，経営者，管理者ともに，「環境適合機能」にまつわる語りが多く出たということである。このことは，両社が社会の公器であるという意識を持ち，実践していることの裏返しと言えるだろう。

　理念を浸透させるためには，社内と社外，双方の原理が機能するように，バランスをとることが求められる。というのも，社外に対する配慮やイノベーションを起こし続ける姿勢は，ステークホルダー以上に，実は成員が傍で見ているからである。働きがいのある職場を構築することと，社会的責任を果たすことは，一直線上にあることを忘れてはならない。

(E)　経営理念の構造・内容表現[20]

　理念浸透が進むためには，経営者や管理者のリーダーシップという「人」の問題が大きくかかわっていることは事実であるが，それと同時に，他の要素も側面的に必要となってくる。ここでは，特にインタビューから導出できた「理念の構造と内容表現」に焦点をあてる。

　第1章3(2)で検討したように，理念の文言には階層性があり，どれをもって理念とするのかがわかりにくかったり，領域性として理念の内容表現に偏りがあることが指摘できた。これらは理念浸透において問題となる部分でもある。

　そこで2社の理念を「構造」と「内容表現」の視点から見てみた。まず「構造」であるが，A社，B社ともに単層型であった[21]。部門ごとにミッションを設定したり，組織としてすべきことを必要に応じて「モットー」として提示するという語りは出たが，拠り所となっているのは，たった1つの理念である。そのため，すべきことがわかりやすいという発言が多く出た。

> 約束は守りましょうとか，朝会ったらあいさつしましょうとか，ご飯食べたら歯を磨きましょうとか，何も思わずにみんな毎日やるじゃないですか。うちのスローガンもそれしか載ってないので，みんな歯磨いてるんですよ。そうだと思うんですよ。これを具体的な営業施策であるとかいうところまで書

> き込むと，かえってずれやすくなると思うんですけど，歯磨きのことしか載ってないから，ずれないんだと思うんです。（管理者）

　理念の「内容」も，「企業内統合の原理」と「社会的適応の原理」の，両領域にまたがるものになっていることも特徴であった。そのため，社内外に対して果たすべき使命や規範が明確であり，どの部門で働いていても適用しやすいようであった。
　また，自身が持っている価値観と合致する内容であることが多くのインタビューイから語られた。

> 多分この経営理念に非常に近い考えを持ってる人間しか，入ってこないっていうのもあるんじゃないですかね。（管理者）

　「表現」のよさは，成員の心をとらえたり，理念にコミットするうえで大きなポイントとなる。それについても多く言及された。

> 言葉自体は短く非常によく考えられているというか。洗練されていてシンプルで，いいなとやっぱり思います。（管理者）

興味深いのは次のような発言である。

> 自分がたくさん仕事を抱え込んでしまっているときは，もうおまじないのように……。（若手）

　理念を思い浮かべるのは，決断を迫られたり，状況が芳しくないときであることを，管理者も若手も語っている。決断を迫られた場合に判断基準にするというのは，理念の機能である「バックボーン機能」が働いていると考えられ，一般的である。

第6章 経営理念を浸透させる仕組み・考え方　147

　ただ，若手が理念の文言を「おまじない」のように「繰り返す」と言うのは，理念の「企業内統合の原理」と「社会的適応の原理」，いずれの機能にもあてはまらない。その分，この発言は理念の別の意義を教えてくれる。

　それは，励ましになるような内容表現であれば，主体的に理念に立ち返るということと，理念には暗示効果があるという点である。文言1つにこのような効果があるとすれば，「されど文言」である。

(6) 発見事実の要約と考察

　経営者，管理者が理念浸透のためにとっている方法は，先行研究が主張したとおり，①コミュニケーション・言い伝え，②部下のために行動を起こす—仕組みづくりの2つであった。経営者・管理者ともに熱意を持って部下対応にあたり，こまやかな配慮が末端層にまでされていたが，モデルとなり得る姿は異なっていた。

　経営者は理念を熱く語ることが役割であり，多くの若手がそれを肯定的にとらえていた。これは経営者がシンボルであることを再確認できる結果であった。シンボルが語る理念だからこそ説得力があり[22]，イベント等でも，そのシンボルに目線を合わせた声がけをしてもらえるからこそ，心が動くのである。

　それに対し，管理者は懸命に働く姿を見せたり，部下が困っているときに，社内のネットワークを存分に使いながら，さまざまな手を打つことである。先行研究では，管理者も理念を繰り返し語ることの必要性が主張されていたが，本調査では，若手は管理者に理念にまつわる語りは求めていなかった[23]。しかし，語らずとも，コミュニケーションをとりながら，後ろ姿を見せることで，部下の理念の理解が進むとするならば，これは部下の「察する能力」や「観察学習」に期待することができる，いかにも日本人らしい理念浸透施策と言えるような気がする。

　ここに示した管理者のリーダーシップは，直接，理念浸透とかかわりがあるとは思えないものもあるかもしれない。しかし，不平不満を言い理想とする働き方をしない非正規社員の部下に対して，管理者が理念を語るのをやめ，問題

解決にエネルギーを注ぐことで,結果的に部下を理念的な言動へ導く事例があったように,求める理念的な結果は,理念からいったん離れた,現実的ななかで生成されていくことが往々にしてある。特に管理者の場合は,それが顕著に効果として表れるように感じた。

また,経営者,管理者が,「社会的適応の原理」を満たす言動をとり,それをもとに部下対応を行っていることも確認できた。企業は「社会の公器」であ

◆ 図表6－1 ◆　経営者・管理者の経営理念を浸透させる仕組み・考え方

施策・要素	経営者	管理者
コミュニケーション 言い伝え	■現場・研修での語り ■メールへの返信 ■イベント・研修でのコミュニケーション ■傾聴姿勢　など	■部門ミッションの提示 ■経営理念に照らした指示・説明 ■現場の巡回と声がけ・経営理念の説明 ■性差を意識した対応 ■開発部長の他部門での説明 ■経営者と成員をつなぐ ■飲み会での語らい　など
仕組みづくり	■スローガンに即したイベント・施設 ■職場環境の整備 ■教育と研修の充実　など	■問題への対応 ■目線を合わせた対応 （職場環境の整備,教育の充実,人事制度の変革,帰属意識の向上等,「実感」の創造）　など
モデルケース	■経営理念を語る（強い文化論リーダーシップ）	■後ろ姿を見せる（サーバント・リーダーシップ）
その他の要素	■「社会的適応の原理」に沿った言動および部下対応 ■経営理念の構造（単層型） ■経営理念の内容（機能の両領域を網羅→全部門への適用のしやすさ,成員の価値観に合致し共感できる内容） ■経営理念の表現（シンプル・わかりやすさ）	

注：本調査から導出した発見事実をもとに作成。経営理念浸透を進めるためには,これ以外にも必要な要素がある。
出所：筆者作成。

るため，社会に対して果たすべきことを意識してマネジメントを実践していくことは，健全な組織づくりにおいて不可欠である。

本調査では，インタビューイの大半が理念の内容表現のよさについて言及した。両社の理念はともに，階層性のない単層型で，内容は「企業内統合の原理」と「社会的適応の原理」の両領域を網羅，表現はシンプルでわかりやすいものであることが，共通項として導出できた。これだけ共通項があることは，単なる偶然とは思い難い。理念浸透を図るうえで，理念の構造や内容表現はあらためて検討すべき大切な要素と言えるだろう。

野林・浅川（2001）が理念浸透施策は，ひとくくりで表されるものではなく，目指す「理念体現の対象（マネジメント・作品・人事制度）」によって異なることを主張[24]するように，本書では十分に論じることはなかったが，理念と整合性のとれた組織構造や人事制度を勘案し[25]，隅々から理念が感じられるような組織を構築していくことが肝要である。

(7) 組織文化の特徴

経営理念が浸透した結果，たとえば，「自由で挑戦的な組織」「和を尊重する家庭的な組織」というように，会社独自の組織文化ができあがっていく。組織文化とは，組織のメンバーが共有する，ものの考え方，ものの見方，感じ方のことを言う[26]。それは単一の要素でできているものではなく，組織の価値，英雄，日常のリーダーシップ，組織構造，管理システム，儀式・運動，技術・製品市場特性が複合的に作用しあい，長い時間をかけて形成されていくものである[27]。

Peters and Waterman（1982）[28]は「エクセレント・カンパニー」の特徴の1つとして，厳しさと緩やかさの両面を併せ持つ文化を挙げている。一例を挙げると末端まで自主性が重んじられる一方，基本的価値観については狂信的なほど中央統制が強いというように相反する文化の両立が見られるというのである。

また，組織文化の測定手段を開発した北居（2014）[29]は，学習を促進する組

織文化は，一見矛盾する文化から構成されていることを明らかにしている。

両者の調査対象企業や年度，目的，国籍等，違いがあるにもかかわらず，類似した発見があったことは大変興味深い。これらは理念浸透を検討する際の，ものさしを提示していると考えられる。

では，本調査が対象とした2社の組織文化には，どのような特徴があるのだろうか。分析した結果，組織文化だけを見ていると，どちらがどちらの企業なのか判別がつかないほど，多くの共通項を見い出すことができた。

その特徴は，①経営理念の文言に対して強いコミットがある，②創業者のエピソードが語り継がれている，③「らしさ」にこだわる，④やる気を示した人に仕事が回ってくる，⑤セクショナリズムが少ない，⑥個性が尊重される，⑦他部門に対する敬意がある，に集約できる。具体的に見ていこう。

① 経営理念の文言に対して強いコミットがある

先に検討したように，全インタビューイから理念の文言に関して，強い共感が語られている。特に，文言が生み出す自社の独自性に対して，多くのインタビューイが誇らしそうに言及した。

> 本当に個性的な人が多いです。やっぱり社是もそうですし，こんなに有名な社是ないんじゃないですか。(若手)

このように優越感とも言える感覚を持っていることが，多くの成員から見受けられた。これは文化をつくるうえで基盤となる要素と言えるだろう。

② 創業者のエピソードが語り継がれている

創業者に関して「万人に対して影響力のある人」「まねしようと思ってもできない」というように，英雄として全員が認めている一方で，下記のように，飲み会の席で親しみを込めて創業者のエピソードが，たびたび登場することもわかった。

> 営業マンの間でも，よく飲み会のネタになる話があって。創業者のことですごいなと思うものが1つあって，「成功するまでやったら成功する」っていう。すごいこと言われるなと思って。(管理者)

　職場では緊張やストレスがあるが，組織における遊びやジョーク，物語などのシンボリックな意味づけを持った活動は，その緩和の一助を担い，組織文化の役割を果たす(佐藤・山田 2004)[30]ことが指摘されている。つまり，いい意味での脱力感がエピソードとともに存在するのである。
　また，同じエピソードを共有し合えることは，それだけにとどまらず，当該企業の一員であるという意識や，一体感を作るうえでも効果があると考えられる。

③　「らしさ」にこだわる
　「らしさ」とは，創業者や経営者の意向を反映させた行動指針であり，代々受け継がれてきた価値観を行動様式に落とし込んだもの[31]ということができる。
　たとえばB社では，「他社比較をしない」「他社のまねをしない」「一流の物しかつくらない」という考え方があり，それが製品づくりやマーケティング・営業スタイル等に反映されていることが語られた。そのため，「らしさにこだわり，売れそうなものでも，この考え方からはずれるようであればつくらない」[32]という，ある種，頑固と言える組織文化をつくり出している。

> ちゃんとプレーヤーさんに使い続けてもらえるものにしか興味を示さない。いっときはバカ売れしようが，つくらないですよね。そういう商品も見たことないですし。(管理者)

　「らしさ」とは，当該企業のアイデンティティと言うことができるかもしれない。「こだわり」の部分でもある。そのため，組織文化を特徴づける要となる要素の1つと言えるように思う。

④　やる気を示した人に仕事が回ってくる

　両社ともに，裁量性の高い職場環境のようで，「やりたいことをやらせてもらえる」ことを全インタビューイが語っている。しかし，そのためには「手を挙げる」必要があり，やる気を示した人に仕事が回ってくるようである。

> 手を挙げたもん勝ちみたいなところがあるんです。上司に認められるまでじっと我慢してるんじゃなくて，僕これやりたいですっていう雰囲気を出して，仕事をもらう，奪い取るというんですか，そういうところがあって。普通だったら「おまえはまだ早い」とか「こういうことをやってから」と言うのを，もうどんどんやらせてくれる。(管理者)

　これは管理者が若手の頃を振り返っての語りであるが，アグレッシブに仕事をする姿勢が求められていることが，各層において語られている。
　このような文化は，見方を変えれば自己責任を求められる厳しい職場ということもできる。しかし，それが肯定的にとらえられているのは，人事制度との関係もあるだろうが，会社はチャンスが与えられる舞台であるというとらえ方（A社）や，音楽に関する仕事に従事できる喜び（B社）といった共通認識が形成されており，それが「手を挙げる」主体性に結びついていると考えられる。

⑤　セクショナリズムが少ない

　両社ともに語られたことは，役職者であっても「さん」づけで呼ぶ習慣があるということである。そのような文化は職位の壁の低さを生むであろうし，それが他部門の部長であっても相談ができたり，経営者であっても個別に話ができる伸びやかさを生み出しているようである。

> たとえば他部門のリーダーとかに，一般社員がいきなり話しかけても聞いてくれるんですよね。おまえ，自分ちのリーダー通せとかあまり言われないんですよ。私も言ったことないし。「何，どうしたの」とかいうふうに普通に話

> をしちゃってるっていう。そういうセクショナリズムとかがないんですよね。そういうの，いいと思うんですよね。（管理者）

　ある管理者は，セクショナリズムが少ないメリットとして「自由な発想が生まれやすい」ことを挙げる。つまり，風通しがよく，自由で融通の利く文化が横たわっているのだろう。それは次の特徴からもうかがえる。

⑥　**個性が尊重される**
　経営者から「一人ひとりが違うことを認めている」という発言が出ているが，特に次の語りは注目に値する。

> 自分自身がおもしろおかしくやってるなというか，個性を発揮してやらせてもらってるなと思うことが多くて。（若手）

　ある程度，組織でのポジションが上がった人ではなく，若手がこのような発言をするということは，組織が仕事を通して自分自身を表現できる場であることを表している。これは，「やる気を示した人に仕事が回ってくる」ことや「セクショナリズムが少ない」こととも関連しているように思える。
　社内の人に対して「変わった人が多い」「キャラが濃い」「ユニーク」「個性的」[33]という表現で形容されるのも，個性が尊重されているゆえんであろう。

⑦　**他部門に対する敬意がある**
　多くのインタビューイが，自社の「人のよさ」や「人間関係のよさ」を口にしている。「セクショナリズムが少ない」ことや，イベント[34]・研修での接触の多さも相まって，密な人間関係が構築されているようであるが，それは次のような文化へとつながっている。

> 開発の人と話すとやっぱり相当違うんですよね．あの人たち，しゃべりはうまくないんですけど，本気なんで，何かもう伝わるんですよね．（管理者）

　他部門の想いを受け止め，それを自部門の業務や仕事に反映させようとしていることが，ほぼ全員のインタビューから聞かれた．ここからベクトルを合わせ，全社一丸となって製品を世に送り出そうという意識が見受けられる．

　このように，複合的な要素が絡み合いつつ，組織文化が形成されていることがわかった．これらをまとめてみよう．
　組織文化の各要素がリンクしあいながら，3つの要素群から2つの大枠の文化をつくりあげていると考えられる．
　まず1つは，「らしさにこだわる」「やる気を示した人に仕事が回ってくる」という文化である．これは「仕事のスタイル」に影響を与えながら「こだわりのある」文化をつくり上げている．
　2つ目は，「セクショナリズムが少ない」という文化である．これは「コミュニケーションのスタイル」に働きかけながら，「伸びやか」な文化をつくっている．
　双方に関連しているものが「個性が尊重される」「他部門に対する敬意がある」である．
　そして，3つ目の，これらの根底をなしているものが，「経営理念への強いコミット」と「創業者のエピソード」である．
　つまり個別の文化が，成員の仕事とコミュニケーションのスタイルに働きかけながら，「こだわり」があり，かつ「伸びやか」な文化をつくりあげていると考えられる．また，それぞれの要素のなかに見え隠れするものは，「人」へのまなざしであり，「人を大切にする」文化が全体を貫いているように見受けられた（図表6－2参照）．
　このように本調査において，2社には，「こだわり」と「伸びやかさ」という相反する文化を併せ持つという共通した特徴があった．Peters and

Waterman（1982）や北居（2014）の発見事実と同様の結果になったことは，理念が浸透している１つのめやすになると言ってもいいだろう。

◆ 図表６－２ ◆　両社の組織文化の特徴（相反する組織文化）

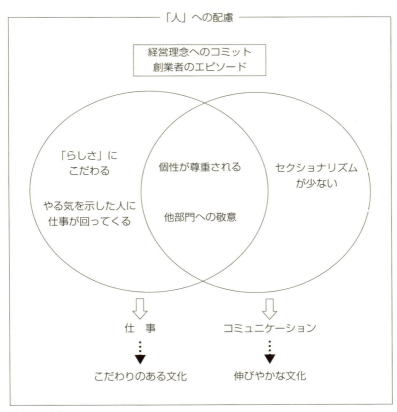

出所：筆者作成。

■注

1 Peters, T.J. and R.H.Waterman, Jr.（1982）*In Search of Excellence : Lessons from America's Best-run Companies*, Harper and Row.（大前研一訳（1983）『エクセレント・カンパニー』講談社，p.493）。

2 「サーバント・リーダーシップ」を発揮する対象は，経営者だけでなく管理者も含まれている（池田守男・金井壽宏（2007）『サーバント・リーダーシップ入門―引っ張るリーダーから支えるリーダーへ』かんき出版）。

3 Greenleaf, R.K.（1977）*Servant Readership : A Journey into the Nature of Legitimate Power and Greatness*, Paulist Press.

4 金井，前掲書（注2参照），pp.55-56。

5 O'Reilly, C.A. and J.Pfeffer（2000）*Hidden Value : How Great Companies Achieve Extraordinary Results with Ordinary People*, Harvard Business School Press.（廣田里子・有賀裕子訳（2002）『隠れた人材価値―高業績を続ける組織の秘密』翔泳社）。

6 彼らが調査したAESという企業の考え方であるが，ここでは「権限を譲り渡す」という意味で用いられている（同書（注5参照），pp.242-243）。

7 米倉（2005）が指摘するように，経営史的にいうとアメリカと日本におけるミドル・マネージャーの定義には大きな違いがある。アメリカでの定義は「現業部門の経営成果に責任をもつ事業部長クラス以上の執行役員」であり，トップから配分された経営資源のリターンを最大化することが役割となる。一方，日本のそれは「アメリカのミドル・マネージャーの下で実務を行うマネージャー層」である。また，『日本の中間管理職白書2009』では，中間管理職とは「役員クラスの下で実務に携わる管理者層を称するケースが大半」としている。このことから，本書はアメリカではなく，日本の先行研究を検討材料とするのが妥当と考えた（米倉誠一郎（2005）「要らないミドルは要らない。必要なミドルは永遠に必要」『OMNI-MANAGEMENT』12，p.2）。

8 野中郁次郎（1983）「活力の原点 日本の課長―その変貌する役割を探る」『週刊東洋経済臨時増刊近経シリーズ』No.65，pp.24-31。

9 金井壽宏（1986）「経営理念の浸透とリーダーシップ」小林規威・土屋守章・宮川公男編『現代経営事典』日本経済新聞社，p.174。

10　経営者のこの行為に対し，海外の現地法人で社長を務める日本人管理者は次のように語っている。

> それだけ多くのコミュニケーションの場ですよね。ああいうのを見てるだけでも，これがあっての，(マネジメント) なんだなと思いますね (中略)。熱ですね，あれはもう。熱が伝わってくるんですね。よくあれだけやられてるなあというのは，何度も感じてますよ。じゃあ振り返って自分はと思うと，やっとかないとだめだなと思いますね。身をもって示されると。(ドイツ法人 社長)

11　たとえばA社では，2009年に立ち上げられた社内大学である「A社カレッジ」で，開発・生産・営業・物流の4学科で，約250種類の講座が開講されている。

12　研修で経営者が「熱く」語っていることを，多くの部下が発言している。

> めっちゃ語られますよ。講話とかされたときに，熱い想いが伝わってくるんです。(若手)

13　管理者の語りはB社のもの，若手の語りはA社のものであるが，B社の若手へのインタビューがかなわなかったことから，A社の似た状況に対する語りを対応させた。これ以降も，いくつか同様のパターンがある。

14　A社の正規・非正規社員の比率は約8対2 (内訳：正規社員1,450名，非正規社員400名。2016年現在)，B社の比率は約7対3である (内訳：正規社員860名，契約社員・アルバイト266名，派遣社員100名。2009年当時)。いずれも単独。

15　次のような語り。

> 一番はやっぱり会話だと思いますけども。一緒にいるとか，帰属意識っていうんですかね。

16　インタビューイ自身も，部下を連れて飲みにいくことが語られている。

17　野中，前掲書 (注8参照)，p.26。

18　調査を実施した2009年の厚生労働省「能力開発基本調査」を見てみると，正規社員に対してOJTを実施した企業は57.2％，非正規社員に対しては28.3％，非正規社員に対して全体教育を実施した企業は46.7％，選抜型教育を実施した企業は53.2％となっている。このように研修の対象は非正規社員には低い割合でしか及んでいない。しかしB社では全非正規社員を対象に研修が実施されていることが別の語りから確認がとれており，教育・研修が充実していると言うことができる (http://www.mhlw.go.jp/stf/houdou/ 2 r9852000000525e-att/ 2 r98520000005275.pdf)。

19 ただし,「らしさ」へのこだわりは,必ずしも「社会的適応の原理」の「正当化機能」に対応しているわけではない。たとえば次のような発言であれば,「企業内統合の原理」の「成員統合機能」が働いていると分析できる。
> B社らしさというのはなんだ。今までのB社の文化をきっちり継承して,先輩から後輩に,やはり口伝えと言おうか,フェース・ツー・フェースで話してもらって,それが基本で。(経営者)

20 「理念の内容表現と浸透」について検討することの必要性(渡辺・岡田・樫尾 2005,北居・田中 2009,高尾・王・高 2009,高 2010,高尾・王 2011,田中 2012a)は今までにも指摘されてきた。それに着目した研究として,飛田(2010),楢崎(2010)を挙げることができるが,それらは理念の内容表現と企業業績との関係が検討されており,浸透の視点は持ち込まれていない。理念の内容表現を踏まえ,理念浸透の視点を持ち込んだ研究として,高尾・王(2012),田中(2013)を挙げることができる。

21 A社は,世界中の成員に当該企業のよいところ,誇りを感じるところをアンケート調査し,それを「5つの想い」(海外でも"Omoi"と翻訳)としてまとめている(誰も思いつかないことをやりたい,技を究めたい,世界を舞台に仕事をしたい,自分の仕事や会社を誰かに伝えたい,人や地球の役に立ちたい)。しかしこれは,当社の理念を具体化して表現したものであって,理念と同様のものというとらえ方がされている。

22 Banduraは,象徴モデリングの意義を,不特定多数の人々に対してただ1人のモデルが行動パターンを伝達することができる,その伝播力にあると言う。経営者の訓話はこれにあたる(Bandura, A. (1977) *Social Learning Theory*, Prentice Hall. (原野広太郎監訳(1979)『社会的学習理論—人間理解と教育の基盤』金子書房,p.44))。

23 管理者には次のようなことを求めると若手は言っている。
> やっぱり現実的にどう実践していくか,そういう話をしてもらいたいですかね。でも,ふだんから結構言ってもらってるので。(若手)

24 彼らはそれを「経営理念浸透策の多様性」と表現する(野林晴彦・浅川和弘(2001)「理念浸透5つの策—理念の企業内浸透度に着目して」『慶応経営論集』第18巻第1号,p.53)。

25 田中では,理念と整合性のとれた制度について検討されている(田中雅子(2006)『ミッションマネジメントの理論と実践―経営理念の実現に向けて』中央経済社,pp.161-173)。
26 伊丹敬之・加護野忠男(2003)『ゼミナール経営学入門』日本経済新聞社,p.349。
27 野中郁次郎(2002)『企業進化論―情報創造のマネジメント』日本経済新聞社,p.109。
28 Peters and Waterman/大前訳,前掲書(注1参照),p.53,pp.535-546。
29 北居明(2014)『学習を促す組織文化―マルチレベル・アプローチによる実証分析』有斐閣,pp.220-221,p.227。
30 佐藤郁哉・山田真茂留(2004)『制度と文化―組織を動かす見えない力』日本経済新聞社,pp.63-64。彼らは,シンボリックな意味を豊富に含んでいるような緊張を解きほぐす営みが,組織で頻繁になされているならば,緊張緩和を組織文化の働きの1つとして認め,それに十分注意を払っていくことが必要であるとも言う(同書,p.64)。
31 この定義は,インタビューより導出したものである。
32 管理者の言葉。
33 これらの表現はすべて肯定的に使われている。創業者に対しても「変わった人」と表現したインタビューイが複数いた。
34 イベントでは「お祭り騒ぎをする」という表現がされていたり,皆で楽しむ雰囲気があることが語られている。たとえば経営者の次のような語り。

> みんな楽器,好きですしね。そういう意味では本当に,共通テーマがあったりして,いろんな飲み会とか社内のバンド大会とかにしても,やっぱりいい雰囲気になりますよね。共通の話題が多いですから。(経営者)

第7章
経営理念浸透に向けた提案

　第7章では，今まで検討してきた「個人が理念を理解する視点」と，「理念を浸透させる視点」を包括して，そこからどのような学びや指針が得られ，実際の現場でどう活かしていけばよいのかを「提案」する。
　提案は単に理念浸透のための解決策を示すのではなく，「わかちあい」の視点から，それぞれの背景に流れる本質的な考え方に焦点をあて述べていく。

1 はじめに

　本書では，理念浸透を「共有」あるいは「わかちあい」ととらえ，理念を「理解する視点」と「浸透させる視点」双方から理念浸透のメカニズムについて述べてきた。
　取り上げた2社の事例は，10年間という長いスパンのなかで，各層において理念が浸透していると分析できたという希少性がある。と同時に，業種や理念の文言，本社の所在地，設立年度といった数々の違いがあるにもかかわらず，語りに共通項が多く見い出せたことから，理念浸透の指針の1つになり得るのではないかと考えている。
　しかし，本書での発見事実が，唯一無二の正解であるとか，今まで述べてきたことがすべての企業において，適用可能であると言うつもりはない。
　企業の規模や歴史によって理念浸透は変わってくるであろうし，経営環境からも大きな影響を受ける。本書が対象とした企業は，「生きた理念の見本」である創業者が健在であったり（調査当時），M&A（Mergers and Acquisitions：企業の合併・買収）にさらされたことはなく，異なる国や企業間の権力闘争・

派閥，組織文化の対立などに巻き込まれることのなかった企業である。そういう意味では，理念が浸透しやすく，安定した組織文化が育まれやすい環境にあったと言うことができる。また，インタビューイも全員が子飼いの成員ばかりで，当該企業の理念や文化を受け入れやすい土壌にあったことも事実である。

ただ，両社の調査から得られた，理念浸透において中心的役割を担うのは「人」であるという発見事実は，普遍的な考え方であると確信しているし，その考えに立脚したうえで，理念と整合性のとれた，一貫性のある組織を構築していくことは，組織の規模や状況にかかわらず不可欠なことであると思っている。

結びにあたる最終章では，この発見事実をもとに，それらを適用するための具体的な考え方や施策を提示する。それは健全で活性化した組織を構築していくための提案である。人を人として扱い，働き甲斐のある組織であろうとすることが，ひいては理念浸透を推し進めることは，今まで検討してきたとおりである。理念と方法をダイレクトに結びつけるやり方（たとえば壁に文言を掲示する，唱和する等）では，理念浸透は芳しくないことは先行研究が物語っている[1]。理念浸透とは企業の本質に迫ることに他ならない。それを念頭に置きながら提案をしていきたい。ヒントになるものがあれば幸いである。

2 提案──「わかちあい」のために

(1) 経営理念の文言の重要性

2006年に時代の寵児であった堀江貴文元代表取締役が，有価証券報告書虚偽記載および偽計・風説の流布で逮捕される事件があった。当時のライブドアの理念は「時価総額世界一を目指す」というものである。これは理念と言い得るのか。時価総額世界一は，理念を実現した結果得られるものであり，それを目指すのは本末転倒である。理念には，時価総額世界一の向こう側に燦然と輝く，組織が果たすべき使命が表明される必要がある。社会に対して何をしたいのか，

それにより社会はどのようになるのか，それを見据えることが肝要である。この事件は，描いた理念が現実のものになることを教えてくれるだけに，掲げる文言の重要性を浮き彫りにする。

しかし，このような極端な内容の理念は少なく，いずれの企業も理想的かつ一般的な内容が掲げられている。最近，少しずつ理念の見直しが図られ，センスのよい理念も見受けられるようになってきたが，業種ごとに理念を見ていくと，どの理念がどの企業のものなのか判別がつかないほど似ていたり，インパクトに欠けるものもまだまだ多い[2]。

2社のインタビューからは，理念の文言のよさについて，各層から多く言及された。それは自身の価値観と合致する，わかりやすく実践に移しやすいというものであるが，文言が成員に好意的に受け止められることは，理念浸透の第一歩である。ここでは，インタビューから導出できる望ましい理念の文言について，いくつか述べたい。

⊙ 一内容か複数内容か

理念は当該企業の理想を短い言葉に結実したものである。それは企業により，さまざまな形で表現[3]されている。
- ■一文言一内容（例：共生（キヤノン））
- ■一文言複数内容（例：私たちは，「お酒のある生活」を通して，最高の品質で，お客様にやすらぎ・たのしさを提供し，社会に役立ちます（ニッカウヰスキー））
- ■複数文言（例：所期奉公，処事光明，立業貿易（三菱商事））

理念が一文言一内容から成り立っている企業は少ない。しかし，拠って立つ価値観が1つに集約されていることは，「わかりやすさ」においては群を抜いている。成員がその文言に共感していれば，これは強い武器になる。

反面，複数の内容から理念が構成されるメリットは，理念を使い分けることができる点にある。たとえば「創造・BEST・共感」の場合，複数文言から成り立っているが，全成員が日常的に強くコミットしていたのは「BEST」だっ

た。この文言に共感できたから，就活時に当該企業に注目をしたと大半の管理者が述べ，それは今でも働く指針として仕事に反映させやすいことが語られた。

しかし，「BEST」だけでは，ひとりよがりになったり，自己弁護に使ってしまったりすることもあるだろう。そのとき，顧客をはじめとするステークホルダーや仕事のあり方を見渡せる，「創造」「共感」という2つの理念が生きてくる。特にものづくりや営業の現場で，これらの文言は大いに活用されていた。

このように複数の内容から成り立つ理念のメリットは，状況や部門によりコミットする理念を使い分けできるという点にある。そのためには，理念の機能である「企業内統合の原理」と「社会的適応の原理」の双方が機能するよう，内容を網羅することが肝要であろう。

もし，理念の内容がすべて社内向き，あるいは社外向きであるような場合は，個別性と全体性（たとえば，努力と協調），あるいは主観性と客観性（たとえば，顧客創造と顧客満足）を兼ね備えたような内容であれば，使い分けができる。つまり，「視点を移動」させることができるという点においては，複数内容の理念が優位であると言えるだろう。

ただ，これは理念があまり階層性を成してない前提での提案である。理念がミルフィーユ化している場合は，理念の文言以前に，階層を減らし，当該企業が心から大切にしたいものだけに，内容を絞り込むことを勧めたい。

② 内容だけでなく表現も重要

『エクセレント・カンパニー』では，「価値観を明らかにするだけでなく，その価値の内容（そして，おそらくは表現のしかた）も違いを生む」[4]ことが主張されていたが，本書もそれに大きく同意する。なぜなら理念の内容そのものは，組織の価値観や行動指針として成員に認識されていくが，それを進んで受け入れようと思えるかは，表現に左右される部分があるからである。

たとえば「おもしろおかしく」などは，その最たる例であろう。「理念も変わっているけれど，働いている人も変わっている」というインタビュイの言葉からもわかるように，理念の表現が持つ特異性，ひいてはそれに導かれて，

今ここに集まっている人材（自身も含む）の特異性に，誇らしさや優越感を感じさせる作用があるように見受けられた。

理念にそんなことを感じさせる要素があると言うと，にわかには信じがたいかもしれないが，インタビューイの言葉の行間から「ウチの会社の理念って他社よりもいいでしょ」というニュアンスが伝わってきたことは，発見でもあった。厳密に言えば，その優越感は，理念そのものというよりも，理念が浸透した結果，生み出される組織文化へのコミットということになるのかもしれないが。

奇をてらう必要はないが，理念の表現を少し変えるだけでも，成員にとり理念が身近なものとなり，浸透度が上がる可能性がある[5]。また，とられている表現は，もしかすると暗に組織文化を伝えているのかもしれないとも思う。

③　わが身に置き換えやすい

理念は仕事をする際の指針となるものである。そのため，仕事をしているときに活かしやすいかどうかが浸透のカギとなる。換言すれば，「わが身に置き換えやすい」かである。

たとえば，昨今，理念の内容の主流となっている「お客様のために」というような顧客に関する理念は，営業や開発部門の成員には理解しやすい内容である。しかし，総務や経理といったお客様と直接触れ合うことのない部門の成員からすると，仕事への落とし込み方がわかりづらいという難点がある。どの部門で働いていても，理念に立ち返ることで，仕事が前進するような内容が好ましい。つまり，理念と仕事との間にギャップが生じにくく，実行に移すのに無理がない理念である。

ただ，あまりにギャップが生じるという声が上がるような場合は，理念の文言そのものよりも，仕事の内容や，上司のリーダーシップ等に問題があることもある。理念の内容は理想的で共感できるものであっても，毎日上司と顔を合わせるたびに，「売上20％アップだ」と数値しか口にされない環境であれば，理念など戯言と化してしまう。理念の文言以前に，能力に応じた仕事の提供や，

部下のやる気が鼓舞されるようなリーダーシップが発揮されているかも併せて考える必要があるだろう。もっとも，管理者がそうなってしまう原因は経営者にあるのかもしれないが[6]。

　また，仕事で煮詰まったときに「理念をおまじないのように唱える」「噛みしめる」と語った若手が何人かいた。幼いころ，怪我をしたとき，おまじないを唱えることで痛さが緩和したような，それに通ずる発言である。これなども理念をわが身に置き換えやすいゆえんであろう。若手が理念を呪文のように唱えながら仕事をしているとすれば，理念には人を励ましたり，暗示にかけたりする機能があると言えるかもしれない。

　望まれるのはプライベートでも適用できるような文言ではないか。これに関しては賛否両論あるかもしれない。ビジネスとプライベートのけじめをつけたいと思う人にとって，理念は理念然とした会社の理想像であっていいのだ，家に帰ってまで，組織の理念を持ち帰りたくないという人もいるだろう。それも一考である。

　しかし，プライベートでも噛みしめることができるような文言であれば，それは人生を貫く指針となり，理念はもっと身近なものになるように思う。

④　ステークホルダーさえ巻き込む文言

　理念の主体は経営者であり組織体である（第1章3(1)参照）。しかし，もしそれが，ステークホルダーの指針になってしまうような文言であるとすれば，どうだろう。

　筆者がA社の創業者の社葬に参列した際のエピソードである。「お別れの会」と称したその社葬は，最初から最後まで，理念を感じさせるものだった。遺影の横には，理念である「おもしろおかしく」の文字が，供花とともに立体的に施されていて，遺影は満面の笑みをたたえている。社葬であるにもかかわらず，「おもしろおかしく」である。

　そのようななか創業者と親交のあった政治家や経営者5名が，次々にお別れの言葉を述べられた。全員から「おもしろおかしく」という理念が引き合いに

出され，それがいかに創業者の強い人生訓であったか，またその言葉がいかに自身にも影響を与えたかが異口同音に語られた。

理念は社外に対する機能がある。それは当該企業の経営者や成員が仕事を進めるうえで，ステークホルダーや社会を意識することが必要だからという意味合いが多分にある。

ところがそれを超えて，社外の人さえも巻き込み，その人々の指針になり得る内容であるとすれば，理念浸透を外部の人が後押ししてくれると言っても過言ではないだろう。故人となった創業者は，もう理念を語ることはない。現経営者も檀上である。しかし，周囲の人々が，この社葬という場において，当該企業の理念について語ってくれる。しかも1人ではない。かかわった6人全員が，まるで示し合わせたかのように，理念を連呼してくれる。

若手成員がおまじないのように理念を唱え，社外の人々が自身の指針にするような内容であれば，それに制度や組織をシンクロさせていけば，「イヤでも理念は浸透」[7]していくはずである。

もちろん，当該企業の理念は特殊である。一般的にはここまで突飛なものはつくりづらいかもしれない。しかし，理念の文言の重要性を，この事例は教えてくれる。

以上4点を提示した。繰り返しになるが，理念は言葉である。それを浸透させようとするならば，人の心を動かす，わかりやすい文言を検討することが，まずは初めの一歩であろう。

(2) 経営理念浸透プロセスの核となる経験

個人が理念を理解するということは，さまざまな要素が複雑に絡み合い，それを推し進めるものである。そのため，ある1つの要因に，浸透の成否を委ねることは現実的ではないうえに，年齢や立場により有効性も変わる。たとえば，経験の浅い若手はまずは仕事をし，人とかかわり，観察を進め，失敗や成功を積み重ねていくことで理念の理解が進むが，役員になると経営者との議論や観察が理念の意味を定着化させる。

そのなかにあって,「経験」の重要性は力説するに値する。なぜならそれは本人に依拠しているからである。
　経験は,若手の頃は,仕事の楽しさを感じられる達成感のあるものが望ましい。しかしそれ以降は,ある種痛みを伴うような,もうダメかもしれないと逃げ出したくなるような経験が糧となる。乗り越える過程で,その後の職業人生の指針となる「学び」と,乗り越えることができたという「自信」を与えてくれるからである。その後,「あっ,これが」という感覚で,ストンと落ちるように,理念の意味がわかるようになるようだ。それは視界が開けてくる感覚でもある。
　本人が行動し,掴み取り,乗り越えるもののなかに意味生成の種が潜んでいる。理念とは本質である。だからこそ仕事という本質を通して,働くことの意味を理解すること,これが理念を理解する最も正当なやり方であり,それをもたらしてくれるものが,転機となる経験なのである。
　考えさせられるのは,ひと山乗り越えた経験が,部下対応にも影響を与えるという「おまけ」までついてくるという点である。たとえば,「やればできる」ことを学んだ人は,部下にも高いレベルでチャンスを与えようとするし,上司が頼りにならなかった人は,決して部下をうつむかせないという考え方を持つようになる。大切なことは,「何を経験したか」以上に「何を学んだか」であり,それがリーダーシップに反映されるとすれば,キャリアに無駄はないと言えるだろう。
　経験は「個人の質」を高め,職業人として自己を確立していくプロセスでもある。一人ひとりの質が高まることが理念浸透には欠かせない。とすれば,組織は成員にいかに機会やフィードバックを与え,個人はそこから何を学ぶかである。また,個人も受け身で仕事をするのではなく,苦労は買ってでもするぐらいの気持ちで積極的に取り組むことが求められる。
　もちろんやる気のある人が,モチベーションを落とすことのないように,成果を上げた人に正しく報いる制度を構築していくことも忘れてはならない。

(3) 経営者に求められるノウブレス・オブリージュ

「トップが理念について語るのは，他の誰が語るよりも，心に響いた」と語った若手がいた。この言葉は経営者の役割や資質を明確に言い当てている。経営者はカリスマである必要はない。大切なことは尊敬できるかどうかである[8]。否，尊敬できる経営者であれば，存在がシンボルとなり，周囲にはカリスマのように光り輝いて見えるはずである。

言うまでもないことであるが，理念浸透の第一歩は経営者にある。経営者が理念を第一義に据え，「経営理念をはっきり身につけ，迷いもなく，疑いもない，信念的な経営活動」[9]を行うこと，これ抜きに理念浸透は成立しない。言葉を変えれば，経営者が哲学を持つこと[10]と，その浸透に向けた努力が問われるのである。つまり，経営者が理念と首尾一貫した言動をとり，なおかつ理念とシステムや組織構造，戦略等との整合性をとろうとし続けることである。

また，経営者にふさわしい資質を持ちあわせた人物であるかどうかも重要な要素である。ノウブレス・オブリージュという言葉がある。身分の高い人はそれに応じて果たすべき責任や義務があるという，欧米社会における道徳観である。経営者がもつべきは，このノウブレス・オブリージュであろう。

コマツの経営者が，東日本大震災直後，「災害の復旧や復興支援は，売上げや利益に優先する」と成員に向けてメッセージを発信したそうであるが，これなどは，ノウブレス・オブリージュの好例である。

現代管理論の基礎を築いたバーナードが「組織の存続は，それを支配している道徳性の高さに比例する。すなわち，予見，長期目的，高遠な理想こそ，協働が持続する基盤なのである」[11]と言い，リーダーに道徳性の高さを求めたように，倫理観と使命感を併せ持った経営者だからこそ，下の人間が，「権力」ではなく，その「人」についていくのである。そして，そのような経営者が理念を語れば，誰が言うよりも心に響くのだ。

やはりトップの考え方とか。考え方だけじゃなくて，そういう人間性って

言ったらあれですかね。そういうところも沁み渡っているのかもしれないですね。(管理者)

　部下は見ている。特に危機的状況に陥ったときに、どのような対応を取る人なのかということを[12]。そして、ついていこうと決心したり、面従腹背となったり、見切ったりするのだ。

　伊丹 (2000) は「人本主義のもとでの経営者、管理者の、つらさと責任の大きさは強調されるべきである。その覚悟と力量がない人は、そういう立場につかせるべきでない。本人も周りもつらい」[13]と言い、経営者のリストラ、早期選抜・育成を考えるべきであると主張する。

　理念は建前ではなく本音である。それを成員に伝えることができるのは、理念を心底信じて経営を行う経営者のみである。伊丹も言うように「覚悟と力量」があり、なおかつ組織の人々とよりよい関係を築こうとする「質の高い経営者」が、理念について確固たる姿勢を示すことは、理念を生きたものにするうえで不可欠なことである[14]。それは、役員、管理者のモデルになり得るし、成員の組織へのコミットメントを醸成するうえでも肝要である。

(4) 部下を支援できる管理者は何が違うのか

　管理者の「あり方」は重要である。それは部下への支援や言葉がけが功を奏す前提となるからである。仮に同じ発言をしたとしても、常日頃から尊敬している上司とそうでない人とでは、部下の聞く姿勢や実行に移す程度まで変わってくる可能性がある[15]。管理者の示す態度こそが、理念浸透につながると明言した若手もいるほどである。

　理念浸透のために管理者が示す理想的な態度は大きく分けて2つある。1つは後ろ姿を見せること、そして、もう1つは部下のために心を配り、仕組みづくりを行うことである。

　野中 (1990)[16]は「ミドルは主体的な概念創造集団のリーダーとして、トップが語る夢とロワーが直面する現実との間に立ち、両者の間の矛盾を発展的に

解消すべく，新たな知識を創造し，上下左右を巻き込んでそれを具現化していく」ことを管理者の定義としたが，まさしくこのような姿を部下は望んでいるようである。

とはいえ，重責を担う立場にあり，部下の指導まで手が回らないと嘆く管理者も多いだろう。現に，高尾・王（2011）[17]が中堅生産財製造業，大手卸売業を対象に行った定量的調査からは，管理者は経営者や上級管理者から理念への共感を高め，自身の行動への反映に努めているものの，彼ら自身は自らの部下のよいモデルに必ずしもなっていないことが指摘されている。

しかし，本調査では「（部下のために）考えられることは，すべてやった」と言う言葉に代表されるように，部下を見捨てない，拾い上げる対応が実施されており，「管理者が結節点」となって理念浸透が進んでいることが確認できる結果となった。このような積極的な部下対応はどこから生まれたのだろうか。

本調査をもとにすれば，管理者のほぼ全員が，手本となる上司がいたことや，育ててもらった感謝を口にしており，それが部下対応に反映されているのではないかと考えらえる。

管理者が過去を振り返って，感謝の気持ちで思い出す人物には，ある特徴があった。それは「手を差し伸べてくれた人」である。新人でまだ何もわからなかったとき，仕事で腐っていたとき，重責を担わされ右往左往していたとき，問題を起こしたとき等々，本人の立場に立って助言をしたり救い上げてくれた上司がいたと言う。

今，部下指導にあたる立場になったとき，その上司のことが脳裏に浮かび，「気がついたら同じことをしていた」り，それがそんなにたやすくできることではなかったことに気づくということを，多くの管理者が語っている。たとえば，次のような語りである。

> 他部門とかいろんなところからクレームが来たときに，（上司は）1回そこで止めてくれるというんですかね，僕に対して伝えるタイミングを選ぶんですよね。誰でも，周りから何かあったらすぐ伝えてしまうときってあります

よね，「こんなん起こってるけど，どうなんや」みたいな。彼はそこで，僕が受け入れられるタイミングを多分探っているんだと思うんです。僕の心の受け入れ態勢とか成熟度を見ているのかわかりませんけど，冷静になったときに「どうや」と聞いてくれまして。後で思い返すと，私もそういうポジションに立って思うと，あれはなかなかまねできへんなと。本当に僕のことを見てくれているなというのがわかって，すごく感謝しています。(管理者)

　無理なく部下を支援するためには，まずは温かい支援を受けた経験があるかである。人に対する温かいまなざしのある文化のもとで育てられた人は，自ずと部下に手を差し伸べるリーダーシップが，身についていくように思う。
　たとえばA社では，転職をした人が，何年後かに戻ってくるケースがあると言う。創業者は「本来なら当社が支払うべき給料を支払ってもらったうえに，ノウハウまで持ち帰ってくれるなんて，ありがたい」と言い，役員は「温かみがあって，他のところへ行った人も帰ってくる人が多いんじゃないですか」と言うが，このような事例は，本人はもちろんのこと，職場の人々にも，組織の度量の広さを暗黙のうちに示すことになる。見切って出て行った人を，拾い上げるのである。
　自社の組織文化を「全人的」という表現をしたインタビューイがいたが[18]，このような文化であれば，部下に対しても自然と支援をしようとする土壌ができあがっていくのではないだろうか。
　また，Bandura (1971)[19]は観察学習の初期段階である「注意過程」において，人間関係による好き嫌いやモデルの魅力によって，観察者が熱心に観察する度合いが変わることを指摘している。管理者は経営陣と現場をつなぐ，「理念浸透の関節の役割」を果たしてくれる存在である。そのため，部下が「この人にならついていきたい」と思うような人を，旬な状態で起用することも大切なことだろう。

(5) 新人・若手の経営理念の理解を進めるためには

　若手成員にインタビューをすることで，理念浸透の初期段階に何が重要なのかが見えた。これは経営者や管理者の「理念を浸透させる」視点だけでは，見えなかった発見事実である。
　調査では，ミーティングで組織全体のビジョンが示され，部門がすべきことを話し合うときや，開発部門の人の話を聞くときに，理念を感じるといった若手が複数いた。
　また，期待をかけることは，上司が想像している以上に効果があった。若手の頃は仕事に対する確信がない。しかし，やる気のある成員なら，大きなことをやり遂げたいと心ひそかに思っている。そのとき，「そんなにやりたければやればいい」「君ならできる」というような前向きな言葉とともに支援する姿勢を示されれば，若手は力強さや気づきをもらい，それが理想的な行動に結びついていく。
　調査から浮かび上がるのは，特に新人，若手初期の背中を押すものは，決して大そうなものでもなければ，むずかしいものでもなく，まさかそれが理念浸透の手助けになっているとは思えないような，「日常のささやかなこと」だった。
　では，ビジョンを示したり，気配りある日常的な働きかけをしていれば，若手の理念の理解が確実に進むのかと言われれば，そうとも言えないように思う。それではあまりに小粒な支援ではないか。さらに，インタビューイは組織を代表する優秀な人材である。やる気や能力が高いからこそ，ささやかな日常のなかからも主体的に何かを掴もうとする姿勢を持ち合わせているだろうが，一般的にはどうだろう。
　望まれるのは，必要とされていることが実感できたり，信頼するに値する組織だと思えること，それを早い段階で植え付けることである。次はスタッフ部門の管理者の言葉であるが，これをもとにまずは以下のような提案をしたい。

① 各部門の活動を他部門に知ってもらう
> スタッフ部門ってある意味で目標が結構ファジーなんですよね。やったところで，誰かが「おまえ，ようやったなぁ」と言われるようなことって，そんなに多くないですよね。新製品を開発したら，それはやっぱりみんなからすごいと言われますけど，経理で何か新しいことをやっても，どうしてもスタッフ部門のなかだけで止まってしまうことが多くて，それほど全社から「経理はすごいなぁ」と言われることがないので，そこら辺のむずかしさはありますよね。（管理者）

この言葉からもわかるように，スタッフ部門に組織が注目をすることは少ない。成果を上げても，全社的に見たときに脇役的な感が残るとすれば，残念なことだ。

大切なことは，花形部門だけでなく，どの部門にもスポットライトがあたることであろう。たとえば各部門の仕事への取り組みを，組織の人々に広く知ってもらうような場を定期的に設けるのはどうだろう。

朝礼で個人として話すのではなく，部門として上げた成果や問題点を公表できる場があり，それを組織の人々が受け止めてくれるという意識を，若手の頃から持てれば，経営に参画している気持ちが多少なりとも味わえるであろうし，部門として一丸となって，より高い仕事を目指す士気も生まれるはずである。

管理者の調査から，部員が開発部門の管理者に質問攻めにされる機会を作ったという話が出たが，先に提案した各部門の取り組みを紹介する場で，このような機会を作り，若手に質疑応答の場に立たせることも有効だろう。質問に答えることで，仕事で見直すべきことや不足点も見えてくるであろうし，駆け出しでも意見が言えることは，問題意識を高めることにもつながる。

また，部門同士が互いの働きぶりを認め合うことで，皆が補完関係にあるという認識や，どの部門の成員であっても育てるのは組織全体であるという意識が生み出されていくことも期待できる。

肝要なことは，チームとして成果を出すことの喜びと，自分のすることに早

くから「責任」を持つことを教えることである。つまり集団と個人の2つの視点を持ちながら仕事をすることを習慣化していくことにより，部門と仕事双方のコミットメントが高まるであろうし，ひいては理念の理解も進むように思う。

② 他流試合の必要性

入社3年目と入社8年目の成員を比較した際，理念の理解に大きな開きがあった。その開きは何によってもたらされたのだろうか。一つ挙げるとするならば，それは「相互作用」がもたらした「経験の絶対値」である。

8年目の若手は上司に連れ出されて，学会や社外の勉強会に数多く参加をしていた。そこで若手は多くのことを学んだと語っている。それは新たな知識や技術，仕事の仕方にとどまらない。

興味深いのは，社外に出ることによって，当該企業の組織文化が「ゆるい」と感じたという話である。若手はそれを，「自由に仕事ができるよう縛りを持たない文化」でもあると解釈したと言う。その後，若手は他社の情報ややり方を持ち帰り，部員に締めるべきところは締めていこうと喚起を促したことが語られた。このように自社の組織文化に気づくことは，理念の担い手としての意識を高めることであり，若手がとったその後の行動には，それが表れている。

また，社外の勉強会に参加したときに，「あの人（上司）の下につけて，いいね」と言われて，あらためて上司の素晴らしさを認識すると同時に，誇らしかったという話も出た。

社内にいるときには，埋もれて見えないことも多い。ところが社外に出たときに，思わぬことに光があたり，長所や短所が見えてくる。すると，すべきことや立ち位置が明確になり，積極的にものごとに取り組んだり，より深く考えながら会話を交わしたりするようになってくる。

この語りは他流試合の必要性を教えてくれる。特に，会社に馴染み，組織や仕事に対するコミットメントが下がる時期[20]に，社外の人と接触をすることは，見直しを図ったり，気持ちを引き締める効果がある。社内と社外，双方の環境から刺激を受けながら，自身の進みたい方向やすべきことを浮かび上がらせて

いくことで，職業意識が形成できるのではなかろうか。

(6) 効果の上がる経営理念研修とは

　成員に投資をすることが売上高にも影響を及ぼすことが，データから明らかにされている[21]。理念は目に見えないものであるため，現場だけに任せきりにせずに，折に触れ研修を通じて意識させることが必要である[22]。

① 経営理念の文言により研修のタイミングを変える（全体編）

　田中（2013）では，理念の文言が具体的な企業は，理念浸透プロセスが「理解→行動」となるのに対して，理念が抽象的な企業では「行動→理解」[23]となることが明らかにされている。

　このことは第5章の「理念の浸透レベル」で触れているが，前者の場合は，理念の文言に，とるべき行動が具体的に明示されているため，その意味を解釈したうえで，それを仕事に反映させることができるが，後者の場合は仕事をしていくことで理念に込められた意味を発見していくという違いが生じる。

　「創造・BEST・共感」は前者であり，「おもしろおかしく」は後者である。本調査でも，前者の場合は，上司と部下の間で理念の意味について質疑応答がされていたが，後者では上司は経験して理念を感じることを部下に求めていた。

　これに従えば，理念に関する研修や勉強会にしても，理念の文言が具体的であれば，入社間もない頃から，段階的にその意味や具体例を提示する研修を実施することで，理念の解釈が進み行動に反映させやすくなることが期待できるが，理念が抽象的であれば，ある程度の経験を積み，理念の意味がなんとなく理解できた時期を見計らって研修を実施する方が効果的である。

　理念の文言次第で，効果の上がる研修のタイミングは変わってくる。自社の理念はどちらのタイプなのかを，まずは考えてみることから始めるのもいいだろう。

② 幹部研修に勝るもの（幹部編）

　理念浸透のために，高（2010）[24]は，経営幹部などの上位階層から順に研修を行うことが必要であると言う。ブリヂストンが役員向けに実施している企業倫理・コンプライアンス研修を例に挙げ，「まずは幹部が学ぶ，しかも集中的に学ぶ」という姿勢が末端の成員の意識にまで変化を引き起こすと主張する。

　本調査が対象とした企業でも，役員を対象に，独禁法などの法律をはじめとするコーポレートガバナンス研修や，管理者を対象とした，次世代経営幹部候補のためのリーダーシップ研修，役員・管理者がともに対象となっている最先端の人々を招いた講演等，上位階層に対してさまざまな研修が実施されていた。

　ただ，本調査をもとに力説したいことは，経営者のあり方が幹部研修以上に大切であるということである。役員，管理者は，経営者を「観察学習」していた。その影響力は想像以上に大きいものである。「振り返ってみて同じことをしていた」という発言などは，経営者に自身を重ね合わせていることを表している。

　経営者が理念に強くコミットしていれば，その姿を役員や管理者は日常的に見ることになり，言わずもがなで，その言動を自身のなかに取り込んでいく。経営者の姿が，いわば研修代わりとなって，倫理や理念の重要性を教えるのである。幹部研修はそこに立脚しているからこそ，所期の目的が達成できるのだ。幹部研修の効果を上げるためには，初めに経営者ありきであることを肝に銘じる必要があるだろう。

③ 経営理念に照らし合わせたキャリア研修（中堅編）

　インタビュー終了後，インタビューイから出る言葉がある。それは「インタビューを受けてよかった」というものである。入社してから今までのキャリアを振り返ることで，考えが整理できたり，理念の意味にあらためて気づけたからというのが，その理由である。「また，インタビューを受けたい」と多くのインタビューイが言う。

　インタビューにこのような効果があるとするならば，「振り返り」を研修に

持ち込むことも一考である。新人研修のときに理念教育を行う企業は多いが，実際に理念の意味について考えるのは，仕事をしだしてからのことである[25]。そのため，ある程度，自律感や自信が高まった時期に，キャリア教育と理念教育を抱き合わせにした研修を実施するのが効果的だろう。

　具体的には，本調査がインタビューイに対してしたように，今までのキャリアを振り返り，達成できたことや，やり残したこと，もう一度チャレンジしたいこと等を洗い出し，それをもとに，今後どのような方向に進んでいきたいのか，チームとして何をすべきなのかを，理念の理解と照らし合わせながら考えてみるのである。つまりキャリアの洗い出しと自己概念の明確化，理念の理解を並行して検討するのである。

　その際は，管理者が企業事情を踏まえ，かつ個人の視点に立ち，今の仕事から身につけるべきことや，キャリアアップを図る際のアクションプランへのアドバイスなど，個人のキャリアにメリットが出るような指導・助言をしながらモチベートすることが理想的である。

　B社では，管理者以上を対象とした「B社塾」が，以前開催されており，そこでは会社や理念について一人一質問形式，経営陣がそれに回答をしていくというスタイルがとられていたようである。この塾に参加することによって，理念に対する疑問が払拭され，仕事が進めやすくなったと管理者は語ったが，組織の精神や文化を継承し続けるためには，何をすればいいのか，何をしてはいけないのかが再認識・理解できる研修を，ある程度の経験を積んだ成員を対象に実施することもいいだろう。研修内容の吸収力が新人や若手とは格段に違うはずである。

④　新人研修に求められる経営理念の意味の主体的把握と達成感（新人編）

　若手は理念を，自分なりの価値観をもとに理解していた。これは主観的でありながらも，その後の職業人生を貫く可能性のある，自身の価値観が発露したものととらえることができる。とするならば，早期の理念教育のあり方をあらためて考える必要があるように思う。

一般的には新入社員研修での理念教育は訓話等の一方的なものが多い。右も左もわからない新人にとって，それはもちろん肝要であるが，受け身の知識教育だけにとどまらず，理念の意味を問いかけるような能動的な研修を実施することができれば，新人は自身のなかで方向性や価値観が見い出せたり，主体性を早期に開眼させることができるのではないだろうか。

また，仕事に取り組む姿勢は，理念の理解に影響を与えるため，新人研修をマナーやノウハウ習得だけで終えてしまわずに，仕事の楽しさを実感できるような内容にすることが望まれる。

> 最初は研修をしっかりやってもらえたし，その研修も自主性に任せるというか。私のとき，温度計を作る研修みたいなのが新入社員のときにあって。機械の設計から電気基板の設計から，ソフトウエアの設計から全部自分でやって，それで1つのものを作るんですけれども，それがすごく楽しくて。結局，ちゃんと自分で温度を測れる装置を作れたというのも経験としてよかったなと，財産だと思いますし，その過程で引きずり込まれていったんですかね。（若手）

このように，仕事の達成感を得られる研修と，主体的に理念の意味を探る研修とを組み合わせることにより，早い段階で使命感が芽生え，理念への意識づけが進むように思う。

⑤ 研修後に懇親会を実施する

筆者は，A社の研修に参与観察[26]として参加したことがある。研修後の懇親会にも参加したが，研修のみを受講して帰るのではなく，その後，参加者どうしが，役職や部門を超えてざっくばらんに語り合える場があることは，研修をより立体的にし，意味あるものにしているのではないかと感じた。

研修では知識が増えたり，ものの見方や考え方が向上したりするが，それを一人ひとりのなかに留めておかずに，いかに仕事で使うことができるかが，本

来の意図するところであろう。その際，活性化した状態で懇親会をすることで，研修で学んだ問題意識が弾みとなり，人間関係が拡大したり，ともに励ましあい助け合える関係が築きやすくなる。

インタビューイの多くが「人のよさが会社の魅力」と語ったが，人間関係が希薄であったり，情緒的な関係が乏しい組織では，イノベイティブなことは起こりにくい。ノリのよさや，それを気持ちよく受け止める土壌は，意識して，無理のない状況で，接触を増やす機会を提供していくことで，できあがっていくものである。そういう意味で，研修直後の懇親会はもってこいである。

また，懇親会は「らしさ」を体感する機会でもある。筆者が参与観察した懇親会では，創業者が肉好きという嗜好を反映させ，すき焼きが提供されていた。しかも，創業者が懇意にしている精肉店から取り寄せられたこだわりの肉が振る舞われ，組織文化の一端を垣間見た気がした。このようなことは，組織の一員であるというコミットメントを作るうえでも，一役買っているように思う。

(7) 金太郎飴になるのなら経営理念浸透ではない

理念浸透が進み，成員が一枚岩となることは理想的ではあるが，それは一歩間違えれば，組織が金太郎飴のようになってしまい，硬直化してしまう危険性もはらんでいるのではないかという指摘がある[27]。

金太郎飴と化してしまうのなら，それは「理念浸透」ではなく，皆が画一的に同じ方向を向くよう仕向けられた「洗脳」された組織であると，本書は考えている。洗脳は硬直化を招くが，浸透は柔軟性を生み出すはずである。では，どうすれば理念を軸に柔軟な組織となるのか。A社の経営者が冗談を交えながら話した言葉のなかに，ヒントがあるように思える。

> ウチの会社は，教会のあのすばらしいステンドグラス[28]みたいなもんやと。近づいていったら，ガラスはいびつやわ，ほこりはかぶっとる。そやけど遠くから見たらすごいきれいや，あれがA社や。(経営者)

この言葉は示唆に富む。経営者は，組織はいびつなガラスの集まりでいいと言う。そこに求められるのは「個性」であり「得意なことで勝負をする強さ」だと明言する。

調査を始めた2004年，B社の当時の社長にインタビューをした際，次のような語りが出た。

> 理念は企業をうまく動かすためのもの。それぞれがミッションを持ち，その人たちが組織のミッションと，同じ方向を向いていればいいですよ。多少のブレがあるほうがおもしろい。それぐらいの余裕があって１つの方向性を出さないと，今の時代は何が起こるかわかりませんからね。

これは表現こそ違うものの，先のA社の経営者の発言と重なり合う部分がある。それは個性の尊重と自由度の高さが組織に必要なことを暗に示している点においてである。

両社には，やりたいと手を挙げれば周囲が応援してくれたり，若手の頃から大きなチャンスが回ってくるという裁量性の高い組織文化があった。そして，それに適合した「チャレンジ＆エキサイティング」「オープン＆フェア」（A社），「チェンジ＆フォーカス」「B社バリュー」（B社）等の具体的な指針が理念の下位概念として掲げられていた。これらは変化に対して突き進んでいく姿勢と，外に開かれた開放性をメッセージとして発信しており，成員が攻めの姿勢で働くことをうながす文言となっている。

組織がこのような積極性のあるモットーを掲げ，成員のやる気や個性を認め，それをイノベーションを起こす力として活用することができれば，成員は楽しんで仕事に取り組むことができるであろうし，結果として前向きで柔軟な組織になり得るのではないか。

また，両社の組織文化には，融通が利く伸びやかさがある反面，らしさを頑なに追求するこだわりがあった。相反する文化を併せ持つことのメリットは，組織に揺らぎをもたらし，一方に偏ることのないバランスのよさを生み出すこ

とにあるように思う。これも組織に柔軟性をもたらす，1つの要素であろう。

(8) 就活の面接は組織文化を伝える場

　理念浸透は就活のときから始まっている。ここは見落としがちなところかもしれないが，インタビューイの多くが，自社の理念に就活時から共感していた。「理念の内容がよかったから，競合他社ではなく当該企業を選んだ」という語りは，理念浸透の素地を作るうえで，心に訴えかける文言がいかに重要であるかを教えてくれる。つまり就活生が理想とする働き方と，理念が重なり合ったとき，その企業にも興味関心を示す可能性が高まるのである。

　これは企業の視点で見れば，人材の選別ができるメリットとなる。「和」を理念として掲げている企業と，「挑戦」を掲げている企業とでは，集まる人材の資質は変わってくるはずである。つまり，同じ価値観を持った人とともに働くことが，いかに無理がなく，仕事を発展的なものにしていくのかをアピールするなかで，組織の価値観に共鳴する就活生を呼び込んだり，繋ぎ止めたりするのに役立つのである[29]。

　また，就活での面接を振り返った際に，理念の文言と重なり合う感覚が語られたことも特徴的だった。圧迫面接を実施している企業もあるようであるが，面接は組織文化を伝えるチャンスである。受験生の能力を見極めることは大切ではあるが，それは後から育てることができるものである。それよりも会社にうまく馴染み適合してくれる人材かどうか，それを見定めながら文化で就活生を包み込むことである。

　理念が感じられるような，居心地のよい期待感が高まる面接を受けたインタビューイは次のように語った。

> 自然に素直な気持ちを話せたというか，こういう上司がたくさんいるんだったら，入ってからも自分らしく働けるんじゃないかなと思って，それで後押しされたという感じですね。(若手)

インタビューイは，当初入社したい企業が複数あった。いずれの企業も求める条件を満たしており内定もおりたが，最終的に当該企業を選んだのは，面接時の心地よさがあったからだと語っている。

(9) 経営理念浸透のめやす

本調査ではインタビューイの言葉を，「理念の機能・効果」である「企業内統合の原理」と「社会的適応の原理」に照らし合わせ，両者が機能していることが，全インタビューイから分析できるかを判断基準に研究を進めた。

今まで検討してきた2社は成功事例である。では，途中で理念が浸透していると分析できなくなった企業の事例とはどのようなものか，それを知りたいという読者もいるだろう。そこで一例を紹介したい。

そのインタビューイは，今まで真面目に働いてきたことが一見してわかる人物だった。インタビューでは，会社や経営者への感謝，教育制度の充実や，それによってもたらされた気づき，能力以上のポジションを与えられたことや努力等が語られた。また，会社の歴史，自社が毎年実施している理念研修の意義や経緯，理念の一つひとつの文言に込められた意味の説明まで話が及んだ。強いロイヤルティが溢れんばかりで，このような成員がいてくれれば，会社は心強いだろうと思えた。

しかし，当人の意識は社内にばかり偏っている。経営者への感謝にしても，理念研修の意義にしても，自身の努力にしても，すべてが社内への働きかけである。「理念についてのインタビュー」であるため，理念に特化した話になることはやむを得ないとしても，顧客や社会への発言は，ほとんど出ることがなかった。

社内を向いて懸命に働いていても，それを社会に還元しようとする意識が垣間見えなければ，理念が理解できているとは言い難い。つまり，社内外への機能が見られて，初めて浸透していると判断できるのである。

分析は机の前で綿密に行うが，10年以上インタビューをしていると，インタビュー段階で理念が浸透しているかどうかが，見えてくることもある。皆が同

じキーワード，フレーズを使って話すことは，理念浸透をうかがわせる1つの要素である。

たとえばA社では「おもしろおかしくは体験して自分で感じることが一番」「変わった人が多い」「チャレンジすることが大切」等が全員から出たし，B社では「他社のまねをしない」「売れそうでもオモチャはつくらない（本物をつくること）」「セクショナリズムがない」等が，それぞれの立場から語られた。そして両社ともに出たのは「人間らしい会社」「やりたいことをさせてもらえる」「理念の文言がいい」，そして組織や製品への強いコミットだった[30]。

成員の組織での経験や立場，欲求は異なっている。インタビューイは個性ある別人格の一個人である。しかし，1つの価値観を皆が共有し合い，ともにそれを大切に感じ，働く指針としていることは，言葉を見ればわかる。理念が浸透している会社では，組織の価値観が，人を変えても，繰り返し同じフレーズで登場してくる。自社では何が求められ，社会に対して何ができ，何をしてはいけないのか，それが成員の心や身体に沁みわたっていて，似た内容，同じ言葉として言及されるのである。

商品やサービスは，短期間のうちに模倣される。しかし，成員が理念を共有したりわかちあった結果，生み出される組織の一体感や文化は，取って代わられにくい。インタビューは一日中，数人に対して実施するが，それを終えた後に，1つの塊のような迫力に押される感触が残る。理念を「わかちあう」というのは，そういうことだと思う。

⑽ 経営理念浸透は「人」── 個の確立とチーム力

理念が浸透すれば企業業績は上がるのか。「理念浸透度」と「業績」の関係を探った先行研究は限られているが，それらでは優位な関係が認められている[31]。

しかし，高尾（2010）[32]が指摘するように，企業の財務的業績は非常に多くの要因が複雑に絡み合った結果であり，理念という単一の要因との因果関係を明らかにすることは，きわめてむずかしい。

理念が直接働きかけるのは成員である[33]。成員がベクトルを合わせ心を1つにして働くことで理念が浸透し，健全な企業体質や「らしさ」の醸成，成員のコミットメントやモチベーション向上などが生み出され，他社の追随を許さない独特の文化を生み出す。それがひいては企業業績に結びつくことは十分に考えられる。

　では，理念浸透にとり「何が大切」なのだろうか。それは「人」である。浸透を預かる「人」の重要性，それを受け止め自分のものにしようとする「人」の気概，組織の価値や経験を「人」に還元しようとする想い，「人」を大切にする文化の重要性である。つまり，「人」を軸に理念浸透は進んでいくのである。これは十年来調査をし続けてきてたどり着いた，1つの答えでもある。

　では，理念浸透のために組織は「何をすべき」なのだろうか。一言で言うなら，成員一人ひとりの意識や能力が高まり，なおかつチームとして総和以上の力が出せる組織，つまり「個の確立」と「チーム力」が融合した組織を構築していくことである。

　管理者が語った，ひと山乗り越える経験が，理念の理解を深化させるという発見事実は，仕事を通して自己効力感が高まることがいかに重要かを教えてくれる。理念の理解とは結局のところ，キャリアに沿いながら自信を蓄え，「働く意味」を自身に問いかけ続けることに他ならない。

　とすれば，組織がすべきは，個性や能力が十分に発揮できたり，思っている以上の能力が引き出され，アイデンティティが高まるような仕事やチャンスを提供することである。そして，実力をつけた人材が外を向いてしまわないよう，フェアな人事制度を整備することである。

　と同時に，仕事は一人では成し遂げられない部分が多々ある。経営者はこんな言葉を口にした。

> 企業とかチームとか，やっぱりうねりです。うねりの力がないと一人ひとりはそう悪くなくても，弱くなってしまう。

強いスポーツチームを考えてみればよくわかる。コーチとメンバー，メンバー同士に相互信頼があり，ライバルの動きを確実にとらえながら，メンバーの不足をうまく補ったり，力をフルに発揮させたりしながら，総和以上の力を発揮する，そこには圧倒される「うねり」がある。そして理念浸透とは，まさしくこのような状態を組織内でつくり上げることと言えるだろう。

全部門が1つになって製品を世に送り出そうと思えるのは，まず個人の意識や能力の高さが前提となり，なおかつ組織の人々に対する信頼や敬意，共同体意識が根底に流れていてこそ成立する。つまり，働くに値する組織で自律した個人どうしが協働しているという一体感が不可欠なのだ。教育制度をうまく導入することは成員の士気を上げるだろうし，イベントでお祭り騒ぎをした後，飲みに流れるのもいいことだ。

組織が，人が人生で一番活力のある時期を過ごす場である以上，そのステージで能力や意識，生活の向上が図れることはもちろんのこと，それが心の拠り所となるような，人を配慮した組織を構築していくことができれば，それは他社が模倣したくてもできない，競争優位の源泉となるはずである。

考えてみてほしい。転職を考えている人が，組織のミッションを進んで果たそうとするだろうか。

理念は小手先の方法では浸透しない。「本質的」なやり方のみが有効なのである。経営理念を軸に，尊敬できる経営者，やりがいのある仕事，正しく報われる人事制度，能力が向上する教育制度，心を汲み支援してくれるリーダー，こころよく協力し合える人間関係，人を大切にする組織文化等を，時間をかけて築いていくことである。

経営者は理念の生成について次のようなことを言った。

> フィロソフィとか理念というのは急に成るものでもないし，逆に，ある流れのなかにありますから，なかなか今度それをつぶそうと思ってもつぶれないと思うんです。

時間をかけて，流れは川になり，いつしか社会という海に放たれる。組織が使命を果たすということは，その海に清らかで生命力あふれた水を返すことと言えるのかもしれない。

■注
1　たとえば北居・出口（1997），田中（2006）。
2　高尾はDiMaggio and Powell（1983）の制度的同型化の概念をもとに，「優れた企業には，公式的に定められた経営理念が当然のごとく存在し，それを掲げた経営がなされているべきである」という制度的環境の圧力があり，それに適応すべく，理念を制定することで，正当性の維持や獲得を図るという，「経営理念の制度化」があることに触れている。理念の内容表現が同業で似通っているのは，このこととも関係しているかもしれない（髙尾義明（2010）「経営理念は役に立つのか─経営理念と成果についての先行研究からの考察」『経営哲学』第7巻2号，p.43）。
3　これらの命名は本書が行ったものである。一文言一内容とは，理念の文言が1つから成り立っており，1つの内容だけが謳われているものを指している。一文言複数内容とは，理念の文言は1つであるが，そこに複数の内容が盛り込まれているものを，複数文言とは2つ以上の文言，内容から成り立っているものを指している。
4　Peters, T.J. and R.H.Waterman, Jr.（1982）*In Search of Excellence:Lessons from America's Best-run Companies*, Harper and Row.（大前研一訳（1983）『エクセレント・カンパニー』講談社，p.478）。
5　とはいえ，万人受けする表現というのはあり得ない。筆者は授業のなかで，学生に各社の経営理念の文言を，浸透の視点から比較検討させることをしているが，各人のセンスや考え方により，支持される文言は異なっている。しかし，傾向はあり，たとえば資生堂の1921年に制定された「品質本位主義，共存共栄主義，消費者主義，堅実主義，徳義尊重主義」という理念と，現在の「私たちは，多くの人々との出会いを通じて，新しく深みのある価値を発見し，美しい生活文化を創造します」では，3対7ぐらいの割合で後者が支持される。理由はさまざまであるが，「創造の余地が残されている」ことに多くの学生が触れる。ここ10年間，この傾向は変わっていない。

6 A社の創業者へのインタビューで，創業者は「理念と現実の間にギャップが生じるとするなら，経営トップが悪い。経営トップが会社は利益を出すところだという考えをもつと，矛盾が出てしまう」と語っている（田中雅子（2006）『ミッションマネジメントの理論と実践—経営理念の実現に向けて』中央経済社，p.119）。

7 A社の創業者へインタビューをした際の，創業者の言葉。同書（注6参照），pp.129-30。

8 役員，管理者が経営者に対して遣った表現として，最も多く聞かれた言葉が，この「尊敬できる」である。

9 山城章編（1972）『現代の経営理念』白桃書房，p.5。

10 伊丹は，80年代の日本の成功について，これまでは哲学など持たず，欧米の背中を目指して走っていた経営者が，世界から方向性を示してほしいと言われるようになったことを挙げ，「そうしたさまざまな需要に応えるには，哲学がいる。自分を語る概念と言葉がいる。必要なものは多く，それへの準備は足りない。哲学なきフロントランナーの苦しみが始まったのである」と言い，当時，優良メーカーの技術者がつくった「アメリカと肩を並べて頭なし」という川柳を紹介して皮肉っている（伊丹敬之（2000）『経営の未来を見誤るな—デジタル人本主義への道』日本経済新聞社，pp.326-328）。

11 Barnard,C.I. (1938) *The Functions of the Executive*, Harvard Univ. Press.（山本安次郎・田杉競・飯野春樹訳（1968）『経営者の役割』ダイヤモンド社，p.295）。

12 Scheinは組織文化を植え付ける一次的メカニズムの1つに，「危機的事件または組織の危機に対するリーダーの反応」を挙げている。危機的状況では，成員の情緒的なかかわりが強まるため，学習が促進されやすく，リーダーの行動が文化の創造につながることを主張する。それは見方を変えれば，行動が悪ければ失望も大きいことを意味している（Schein, E.H. (1985) *Organizational Culture and Leadership:A Dynamic View*, Jossey-Bass.（清水紀彦・浜田幸雄訳（1989）『組織文化とリーダーシップ—リーダーは文化をどう変革するか』ダイヤモンド社，p.287, pp.294-296））。

13 伊丹，前掲書（注10参照），p.223。

14 田中，前掲書（注6参照），p.158。

15 たとえば次のような言葉。

(上司が理想的な話をしても) なぜ響かないかというと，やっぱりふだんの対応から来ていると思うんですよ。(若手)

16　野中郁次郎 (1990)『知識創造の経営—情報創造のマネジメント』日本経済新聞社，p.137。

17　高尾義明・王英燕 (2011)「経営理念の浸透次元と影響要因—組織ルーティン論からのアプローチ」『組織科学』第44巻第4号，p.63。

18　これはA社の表現である。B社では「家族的」という表現がされている。

19　Bandura,A (1971) *Social Learning Theory*, General Learning Press.（原野広太郎・福島脩美訳 (1974)『人間行動の形成と自己制御—新しい社会的学習理論』金子書房，p.30)。

20　組織コミットメントの発達傾向は，研究 (城戸 1981，若林 1987，鈴木 2002) によって異なった結果となっている。いずれの場合も，入社後7年〜9年目にかけて上昇をするようになるが，それまではドラスティックな変化をしている。上昇カーブを描くまでの「中だるみ」の時期に，社外で刺激を受けることは必要なことだろう。

21　厚生労働省の平成17年度「能力開発基本調査」において，過去数年の間に人材育成投資額を増加した企業のうち，売上高が増加した企業の割合は51.2%であり，売上高が減少した企業の割合の26.3%を上回っている (http://www.mhlw.go.jp/houdou/2006/06/h0609-4.html)。

22　厚生労働省の平成26年度「能力開発基本調査」によると，off-JTの役立ち度は，正規社員が「役に立った」50.3%，「どちらかというと役に立った」44.2%，肯定的意見が94.5%。非正規社員が「役に立った」58.1%，「どちらかというと役に立った」37.6%，肯定的意見が95.7%となっている (http://www.mhlw.go.jp/file/04-Houdouhappyou-11801500-Shokugyounouryokukaihatsukyoku-Kibansetsubishitsu/0000079872.pdf)。

23　本書では「解釈」と「理解」の言葉の使い分けを行ったが，田中 (2013) ではされていない。そのため，本書の言葉の定義とはずれるところがある。

24　高厳 (2010)「経営理念はパフォーマンスに影響を及ぼすか—経営理念の浸透に関する調査結果をもとに」『Reitaku International Journal of Economic Studies』第18巻第1号，p.64。

25　松岡（1997），鈴木（2002）の調査結果から，それがうかがえる。
26　参与観察とは，対象者と生活と行動をともにし，五感を通した自らの体験を分析や記述の基盤におく調査法のことを言う（佐藤郁哉（1992）『フィールドワーク―書を持って街へ出よう』新曜社，p.129）。
27　学会等でよく出る質問の1つ。
28　この言葉に沿って，A社では2015年から「ステンドグラス・プロジェクト」が実施されている。これは，グループ企業を含めると28か国，地域に49社ある全成員が個性や才能を発揮して，ステンドグラスのように輝く企業にしようという取り組みである（「個性輝け 時間単位で有休」『朝日新聞夕刊』2016年2月15日）。
29　A社の創業者は，理念と就活の関係を次のように述べている。

> うちの会社を志願するときから，こういう会社ですよ，こういう価値観に賛同している人が受験してください，うちの理念を理解し，仕事を明確にしていますから，こういう仕事のどれかに，自分の人生を賭けたいという仕事が見つかる人は受験してくださいと言っています。学生なのではっきりしたことは持たないけれど，当たらずしも遠からじというものをもって来てて，そのなかからわれわれが抽出しているわけやから，とんでもない人を受けつけていない。

田中，前掲書（注6参照），p.127。

30　組織や製品へのコミットが感じられる語りとは次のようなものである。

> 基本的にやっぱり自由で，オープンアンドフェアです。公平に扱ってもらえるというところですかね。変な派閥とかもないし，殺されるようなノルマもないし。そういう意味ではこういう経営スタイルをやっている会社は珍しいし，そういうところで働いている喜びというか自負はありますね。他の一般の会社とは違うところで人生を過ごせてるなというのは。（A社管理者）

> たとえば定年になって会社をやめて，実際は会社とまるっきり関係ない生活になったとしても，きっとB社のことはずっと気にかけて，できればよく見に来たりとか，かかわっていきたいと思いますし。（B社管理者）

> うちの場合は，製品そのものがオーラを発してるみたいなものを感じることはありますね。（B社管理者）

31　鈴木（2009），野林（2015）。
32　高尾，前掲論文（注2参照），p.43。

33 北居・田中（2006, 2009），高（2010），高尾・王（2011, 2012），田中（2011, 2012a, 2013, 2014a, 2014b）が，この前提に立脚して議論を展開している。

エピローグ

　本書では，経営理念の浸透を「共有」「わかちあい」ととらえ，個人が理念を理解するダイナミックなプロセスを明らかにすることを最大の目的に据えた。先行研究における定性的調査の絶対数は少なく，文献研究にフィールドリサーチの結果を照らし合わせつつも，仮説発見型の調査結果をもとに考察をしてきた。

　本書の貢献は，①10年間，限られた企業に深く入り込むことによって得られた発見事実をもとに，「理念を理解する視点」と「浸透させる視点」を包括して，理念浸透を論じたこと，②「個人の経営理念浸透プロセス」と「経営理念の浸透レベル」を，再現可能なモデルとして構築したこと，③管理者が理念浸透のためにとっている施策や考え方を明らかにしたこと，の3点を挙げることができる。これらは今までの研究にはないものであり，理念浸透研究を前進させるうえで，ある一定の役割を果たすことができたと同時に，現場には有益な情報を提供することができたと考えている。

　しかし，多くの課題や反省も残された。1つ目は当初6社からスタートしたにもかかわらず，結果としてサンプル数が少なかった点である。10年後に2社（厳密には1社）しか残らなかったことや，天災の影響を受けたことは想定外であった。これはそれだけ理念浸透のむずかしさを物語っていると同時に，研究の限界でもあった。

　2つ目に，仮にもしサンプル数が少ないのであれば，たとえば若手に影響を及ぼした対象にもインタビューを実施し，対象の理念の理解の程度や行動を整理したうえで，若手と対象との相互作用プロセスを提示できれば，議論はよりダイナミックなものになったはずである。

しかし，上層部の分析結果が有効であれば下層部にも調査を実施するというプロセスを踏んだことと，人選は当該企業によって行われたということから，インタラクティブな関係性に焦点をあてることができず，厚みに欠けたことも事実である。

　3つ目に，一人の人物を縦断的に追い続けたわけではないという点である。各層を複合させることで変化を検討しようとしたことは，連続性や安定性が明確にならないだけでなく，不自然とも言える。

　役員，管理者の語りは過去を振り返ってのものが多く，そういう意味ではある程度，長いスパンを検討材料にすることができたとも言えるが，タイムリーではなく記憶に頼る曖昧さは否めない。理念の理解がキャリアに沿って時系列的に進んでいくものである以上，一人の人物を複数人，継続して調査することで，もっと精緻かつ正確なデータがとれたはずである。

　4つ目に，最終的に残った企業は，M&Aや倒産の危機にさらされたことは一度もなく，インタビューイも全員が子飼いの成員であったことから，理念が浸透しやすく，安定した組織文化が育まれやすい環境にあった企業と言うことができる。しかし，現在，企業が置かれている環境に鑑みれば，国境を越えたM&Aや，優秀な人材が流出するリストラ，進むグローバル化やダイバーシティ等，理念浸透を進みにくくする，さまざまな状況が起こっている。

　たとえば，M&Aが実施されれば，通常，成員は互いに否定的な意識や感情を持つことが多いであろうし，相手方の成員の行動や発言，仕事のやり方，新たに導入される制度やルールに，否定や恐れ，怒りの感情を示す[1]ことも無理からぬことである。不確実で流動性の高い時代においては，安定した企業を対象にするだけでなく，葛藤や反発が生み出される状況を克服して，いかに合意や共通理解が得られ，理念が浸透していくのか，そのメカニズムを解明していくことも肝要であろう。

　反省点はいくつもあるが，上述したことを踏まえ，本書がぜひ取り組みたいと思っている課題がある。それは10年間の調査のなかで見送った企業を，もう一度追いかけることである。経営は生ものであり，継続されていくものである。

経営者の交代や経営不振等，理念が浸透しなくなった原因はさまざまあるにせよ，切り取られた10年だけで，すべてが判断できるわけではない。苦境を乗り越えて，再び理念が浸透していくそのメカニズムは，順調に経営が進んでいる場合とはまた違うものがあるだろう。ささやかなエールを込めながら，理念浸透の再生の現場に立ち会い，そこから得られた発見事実を，またビジネスの現場に還元できればと思っている。

■注
1　小沼靖（2007）「M&Aの成否を分ける理念・ビジョンと人材マネジメント」『知的資産創造』4月号，p.8。

参考文献

Bandura, A.（1971）*Social Learning Theory*, General Learning Press.（原野広太郎・福島脩美訳（1974）『人間行動の形成と自己制御―新しい社会的学習理論』金子書房）

Bandura, A.（1977）*Social Learning Theory*, Prentice Hall.（原野広太郎監訳（1979）『社会的学習理論―人間理解と教育の基盤』金子書房）

Barnard, C. I.（1938）*The Functions of the Executive*, Harvard University Press.（山本安次郎・田杉競・飯野春樹訳（1968）『経営者の役割』ダイヤモンド社）

Bartlett, C. A. and S. Ghoshal（1997）*The Individualized Corporation :A Fundamentally New Approach to Management, Great Companies are Defined by Purpose, Process, and People*, Harper Business.（グロービス・マネジメント・インスティテュート訳（1999）『個を活かす企業―自己変革を続ける組織の条件』ダイヤモンド社）

Becker, H.（1963）*Outsiders :Studies in the Sociology of Deviance*, The Free Press.

Blumer, H.（1969）*Symbolic Interactionism*, Prentice Hall.

Blumer, H.（1969）*Symbolic Interactionism*, Prentice Hall.（後藤将之（1991）『シンボリック相互作用論―パースペクティブと方法』勁草書房）

Bourdieu, P.（1980）*Le Sens Pratique*, Minuit.（今村仁司・港道隆訳（1988）『実践感覚1』みすず書房）

Burr, V.（1995）*An Introduction to Social Constructionism*, Routledge.（田中一彦訳（1997）『社会的構築主義への招待―言説分析とは何か』川島書店

Carroll, D. T.（1983）A Disappointing Search for Excellence, *Harvard Business Review*, Vol. 61, No. 6, pp. 78-88.

Collins, J. C. and J. I. Porras（1991）Organizational Vision and Visionary Organizations, *California Management Review*, Fall, pp. 30-52.

Collins, J. C. and J. I. Porras（1994）*Built to Last :Successful Habits of Visionary Companies*, Harper Business.（山岡洋一訳（1995）『ビジョナリー・カンパニー―時代を超える生存の法則』日経BP社）

Collins, J. C.（2001）*Good to Great : Why Some Companies Make the Leap…and Others Don't*, Harper Business.（山岡洋一訳（2001）『ビジョナリーカンパニー2―飛躍の法則』日経BP出版センター）

Craig, E., J. R. Kimberly and H. Bouchikti（2002）Can Loyalty Be Leased?, *Harvard Business Review*, September.（ダイヤモンド社訳（2003）「社員ロイヤルティとエンプロイアビリティとの相関関係」『ハーバードビジネスレビュー』ダイヤモンド社, 3月号, p.21）

Deal, T. E. and A. A. Kennedy（1982）*Corporate Cultures: The Rites and Rituals of Corporate Life*, Addison-Wesley.（城山三郎訳（1983）『シンボリック・マネージャー』新潮社）

Erikson, E. E.（1950）*Childhood and Society*, W. W. Norton and Company.（仁科弥生訳（1977）『幼児期と社会』みすず書房』）

Erikson, E. E. and J. M. Erikson（1997）*The Life Cycle Completed*, W. W. Norton and Company.（村瀬孝雄・近藤邦夫訳（2001）『ライフサイクル, その完結』みすず書房）

Erikson, J. M., E. E. Erikson and H. Kivnick（1986）*Vital Involvement in Old Age*, W. W. Norton and Company.（朝長正徳・朝長梨枝子訳（1990）『老年期―生き生きしたかかわりあい』みすず書房）

Etzioni, A.（1961）*A Comparative Analysis of Complex Organizations*, The Free Press of Glencoe.（綿貫譲治監訳（1966）『組織の社会学的分析』培風館）

Falsey, T. A.（1989）*Corporate Philosophies and Mission Statements:A Survey and Guide for Corporate Communicators and Management*, Quorum Books.

George, W.（2003）*Authentic Leadership :Rediscovering the Secrets to Creating Lasting Value*, Jossey-Bass.（梅津祐良訳（2004）『ミッション・リーダーシップ―企業の持続的成長を図る』生産性出版）

Gergen, K. J.（1994）*Realities and Relationships : Soundings in Social Construction*, Harvard Universtiy Press.（永田素彦・深尾誠訳（2004）『社会構成主義の理論と実践―関係性が現実をつくる』ナカニシヤ出版）

Glaser, B. G. and A. L. Strauss（1967）*The Discovery of Grounded Theory: Strategies for Qualitative Research*, Aldine Publishing.（後藤隆・大出春江・水野

節夫訳（1996）『データ対話型理論の発見―調査からいかに理論をうみだすか』新曜社）

Greenleaf, R. K. (1977) *Servant Readership : A Journey into the Nature of Legitimate Power and Greatness*, Paulist Press.（金井壽宏監訳 金井真弓訳（2008）『サーバントリーダーシップ』英治出版）

Harrison, M. T. and M. B. Janice (1985) Using Six Organizational Rites to Change Culture, in Ralph, H. K. et al (eds.) *Gaining Control of Corporate Culture*, Jossey-Bass.

Iser, W. (1976) *Der Akt des Lesens : Theorie ästhetischer Wirkung*, W. Fink.（轡田収訳（2005）『行為としての読書―美的作用の理論』岩波書店）

Kline, P. and B. Saunders (1993) *Ten Steps to a Learning Organization*, Great Ocean.（今泉敦子訳（2002）『こうすれば組織は変えられる！―「学習する組織」をつくる10ステップ・トレーニング』フォレスト出版）

Kotre, J. N. (1984) *Outliving the Self: Generativity and the Interpretation of Lives*, Johns Hopkins University Press.

Kotter, J. P. (1982) *The General Manager*, Free Press.（金井壽宏・加護野忠男・谷光太郎・宇田川富秋訳（1984）『ザ・ゼネラル・マネージャー―実力経営者の発想と行動』ダイヤモンド社）

Kotter, J. P. and J. L. Heskett (1992) *Corporate Culture and Performance*, Free Press.（梅津祐良訳（1994）『企業文化が高業績を生む―競争を勝ち抜く「先見のリーダーシップ」207社の実証研究』ダイヤモンド社）

Kotter, J. P. (1999) *John P. Kotter on What Leaders Really Do*, Harvard Business School Press.（黒田由貴子監訳（1999）『リーダーシップ論―いま何をすべきか』ダイヤモンド社）

Lave, J. and E. Wenger (1991) *Situated Learning :Legitimate Peripheral Participation*, Cambridge University Press.（佐伯胖訳（1993）『状況に埋め込まれた学習―正統的周辺参加』産業図書）

O'Reilly, C. A. and J. A. Chatman (1996) Culture As Social Control: Corporation, Cults, and Commitment, *Research in Organizational Behavior*, Vol. 18, pp. 157-200.

O'Reilly, C. A. and J. Pfeffer（2000）*Hidden Value:How Great Companies Achieve Extraordinary Results with Ordinary People*, Harvard Business School Press.（廣田里子・有賀裕子訳（2002）『隠れた人材価値―高業績を続ける組織の秘密』翔泳社）

Osborne, R. L.（1981）Core Value Statements :The Corporate Compass, *Business Horizons*, Vol. 34, No. 5，pp. 28-33.

Ouchi, W. G.（1980）Markets, Bureaucracies and Clans, *Administrative Science Quarterly*, Vol. 25, No. 1，pp. 129-141.

Ouchi, W. G.（1981）*Theory Z:How American Business can Meet the Japanese Challenge*, Addison-Wesley.（徳山二郎監訳（1981）『セオリーZ―日本に学び，日本を超える』CBSソニー出版）

Pascale, R. T. and A. G. Athos（1981）*The Art of Japanese Management: Applications for American Executives*, Simon & Schuster.（深田祐介訳（1981）『ジャパニーズ・マネジメント―日本的経営に学ぶ』講談社）

Peters, T. J. and R. H. Waterman, Jr.（1982）*In Search of Excellence:Lessons from America's Best-run Companies*, Harper and Row.（大前研一訳（1983）『エクセレント・カンパニー』講談社）

Saffold III, G. S.（1988）Culture Traits, Strength, and Organizational Performance :Moving beyond Strong Culture, *The Academy of Management Review*, Vol. 13, No. 4，pp. 546-558.

Sandberg, J.（2000）Understanding Human Competence, *Academy of Management Journal*, Vol. 43, pp. 9-25.

Schein, E. H.（1985）*Organizational Culture and Leadership :A Dynamic View*, Jossey-Bass.（清水紀彦・浜田幸雄訳（1989）『組織文化とリーダーシップ―リーダーは文化をどう変革するか』ダイヤモンド社）

Schein, E. H.（1999）*The Corporate Culture Survival Guide*, Jossey-Bass.（金井壽宏監訳（2004）『企業文化―生き残りの指針』白桃書房）

Schur, E. M.（1971）*Labeling Deviant Behavior :Its Sociological Implication*, Harper and Row.

Selznick, P.（1957）*Leadership in Administration : A Sociological Interpretation*,

Harper and Row.（北野利信訳（1963）『組織とリーダーシップ』ダイヤモンド社）

Strsuss, A. L. and J. Corbin（1998）*Basics of Qualitative Research Techniques and Procedures for Developing Grounded Theory*, Sage Publications.（操華子・森岡崇訳（2004）『質的研究の基礎―グラウンデッド・セオリー開発の技法と手順』医学書院）

Tichy, N. M. and N. Cardwell（2002）*The Cycle of Leadership:How Great Leaders Teach Their Companies to Win*, Harper Business.（一條和生訳（2004）『リーダーシップ・サイクル―教育する組織をつくるリーダー』東洋経済新報社）

Weick, K. E.（1995）*Sensemaking in Organizations*, Sage Publications.（遠田雄志・西本直人訳（2001）『センスメーキング・イン・オーガニゼーションズ』文眞堂）

浅野俊光（1991）『日本の近代化と経営理念』日本経済評論社。

尼ケ崎彬（1990）『ことばと身体』勁草書房。

生田久美子（1987）『「わざ」から知る』（認知科学選書14）東京大学出版会。

生田久美子・北村勝朗編（2011）『わざ言語―感覚の共有を通しての「学び」へ』慶應義塾大学出版会。

池田守男・金井壽宏（2007）『サーバントリーダーシップ入門―引っ張るリーダーから支えるリーダーへ』かんき出版。

伊丹敬之（1986）『マネジメント・コントロールの理論』岩波書店。

伊丹敬之・加護野忠男（1989・2003）『ゼミナール経営学入門』日本経済新聞社。

伊丹敬之（2000）『経営の未来を見誤るな―デジタル人本主義への道』日本経済新聞社。

伊藤勇・徳川直人編（2002）『相互行為の社会心理学』北樹出版。

井上富雄（1983）「欧米企業社是・社訓の特徴」『経営者』第37巻第3号，pp. 42-47。

今田高俊編（2000）『社会学研究法―リアリティの捉え方』有斐閣。

梅澤正（1994）『顔の見える企業―混沌の時代こそ経営理念』有斐閣。

梅澤正（1998）「新しい企業文化をつくる」『FUJI BUSINESS REVIEW』（富士短期大学）第8巻第2号，pp. 24-29。

梅澤正（1999）『企業文化の革新と創造―会社に知性と心を』有斐閣。

梅澤正（2003）『組織文化・経営文化・企業文化』同文館。

大阪府立産業開発研究所編（1993）『平成5年版 大阪経済白書 新たな企業理念の構

築に向けて』大阪府立産業開発研究所。

大澤真幸（1994）『意味と他者性』勁草書房。

岡本浩一・堀洋元・鎌田晶子・下村英雄（2006）『職業的使命感のマネジメント―ノブレス・オブリジェの社会技術』新曜社。

奥村悳一（1994）『現代企業を動かす経営理念』有斐閣。

奥村悳一（1996）「変革期における経営理念の刷新」『横浜経営研究』（横浜国立大学）第17巻第3号，pp. 217-233。

奥村悳一（1997）「経営理念と経営システム」『横浜経営研究』（横浜国立大学）第18巻第3号，pp. 162-192。

梯郁太郎編（1999）『ローランド―ビジネスの考え方』ローランド株式会社。

加護野忠男・野中郁次郎・榊原清則・奥村昭博（1983）『日米企業の経営比較―戦略的環境適応の理論』日本経済新聞社。

加護野忠男（1988）『組織認識論―企業における創造と革新の研究』千倉書房。

笠井恵美（2008）「企業における親密な対人関係とミドル期の世代継承との関連性」『Works Review』第3号，pp. 60-73。

金井壽宏（1986）「経営理念の浸透とリーダーシップ」小林規威・土屋守章・宮川公男編『現代経営事典』日本経済新聞社，pp. 171-177。

金井壽宏（1989）「ピア・ディスカッションを通じての『気づき』の共有」『組織科学』第23巻第2号，pp. 80-90。

金井壽宏（1997）「経営における理念（原理・原則），経験，物語，議論―知っているはずのことの創造と伝達のリーダーシップ」『研究年報』（神戸大学）pp. 1-75。

金井壽宏・松岡久美・藤本哲（1997）「コープこうべにおける『愛と協同』の理念の浸透―組織の基本価値が末端にまで浸透するメカニズムの探求」『組織科学』第31巻第2号，pp. 29-39。

金井壽宏・鈴木竜太・松岡久美（1998）「個人と組織のかかわり合いとキャリア発達―組織でのテニュア，組織コミットメントの高揚，および理念の理解」『日本労働研究雑誌』第455号，pp. 13-26。

金井壽宏・古野庸平（2001）「『一皮むける経験』とリーダーシップ開発」『一橋ビジネスレビュー』第49巻第1号，pp. 48-67。

金井壽宏（2002）『仕事で「一皮むける」―関経連「一皮むけた経験」に学ぶ』光文

社。
北居明・出口将人（1997）「現代日本企業の経営理念と浸透方法」『大阪学院大学流通・経営科学論集』第23巻第1号，pp. 65-83。
北居明（1999）「経営理念研究の新たな傾向」『大阪学院大学流通・経営科学論集』第24巻第4号，pp. 27-52。
北居明・松田良子（2004）「日本企業における理念浸透活動とその効果」加護野忠男・坂下昭宣・井上達彦編『日本企業の戦略インフラの変貌』白桃書房，pp. 93-121。
北居明・田中雅子（2006）「理念の浸透方法が及ぼす影響に対するコミットメントの媒介・仲介効果」『大阪府立大学経済学部ディスカッションペーパー No. 2006-2』pp. 1-20。
北居明・田中雅子（2009）「理念の浸透方法と浸透度の定量的分析―定着化と内面化」『経営教育研究』第12巻第2号，pp. 49-58。
北居明（2014）『学習を促す組織文化―マルチレベル・アプローチによる実証分析』有斐閣。
城戸康彰（1981）「若年従業員の組織コミットメントの形成―組織社会化の解明に向けて」『金沢経済大学論集』第15巻第2号，pp. 95-119。
久保克行・広田真一・宮島英明（2005）「日本企業のコントロールメカニズム―経営理念の役割」『企業と法創造』第1巻第4号，pp. 113-124。
桑原司（2000）『社会過程の社会学―ハーバート・ブルーマーのシンボリック相互作用論における社会観再考』関西学院大学出版会。
小沼靖（2007）「M&Aの成否を分ける理念・ビジョンと人材マネジメント」『知的資産創造』4月号，pp. 6-21。
佐伯胖・佐々木正人編（1990）『アクティブ・マインド―人間は動きのなかで考える』東京大学出版会。
佐伯胖（2004）『「わかり方」の探求―思索と行動の原点』小学館。
佐藤郁哉（1992）『フィールドワーク―書を持って街へ出よう』新曜社。
佐藤郁哉・山田真茂留（2004）『制度と文化―組織を動かす見えない力』日本経済新聞社。
椎野信雄（2007）『エスノメソドロジーの可能性―社会学者の足跡をたどる』春風社。
JSMS編 中村元一・山下達哉著（1992）『理念・ビジョン追求型経営』都市文化社。

芝隆史・水谷内徹也 (1988)「経営理念と経営戦略に関する地域比較分析―愛知と北陸の陸運業界に対するアンケート調査を介して」『地域分析』(愛知学院大学) 第26巻第2号, pp. 27-64。

柴田仁夫 (2013)「経営理念の浸透に関する先行研究の一考察」『経済科学論究』(埼玉大学) 第10号, pp. 27-38。

鈴木勘一郎 (2009)「中堅中小企業における理念経営に関する研究」『ベンチャーレビュー』No. 14, pp. 13-22。

鈴木竜太 (2002)『組織と個人―キャリアの発達と組織コミットメントの変化』白桃書房。

住原則也・三井泉・渡邊祐介編 (2009)『経営理念―継承と伝播の経営人類学的研究』PHP研究所。

関満博 (2002)『現場主義の知的生産法』ちくま新書。

瀬戸正則 (2008)「経営理念の組織内浸透におけるコミュニケーションに関する研究―同族経営中小企業における経営者・中間管理職の行動を中心に」『経営教育研究』第11巻第2号, pp. 125-139。

瀬戸正則 (2009)「エンタープライズ・リスクマネジメントによる経営理念の浸透に関する一考察―冠婚葬祭業に着目して」『経営哲学』第6巻1号, pp. 99-112。

瀬戸正則 (2010)「経営理念の浸透と組織文化に関する一考察―同族経営中小冠婚葬祭業に着目して」『経営教育研究』第13巻第2号, pp. 69-78。

瀬戸正則 (2013)「中小サービス業における経営理念浸透プロセスに関する研究―ミドル・マネジメントが果たす結節機能比較から」『経営哲学』第10巻1号, pp. 99-105。

高厳 (2010)「経営理念はパフォーマンスに影響を及ぼすか―経営理念の浸透に関する調査結果をもとに」『Reitaku International Journal of Economic Studies』第18巻第1号, pp. 57-66。

高尾義明・王英燕・高厳 (2009)「経営理念の浸透と組織マネジメントに関する考察―ある製造企業での質問紙調査を通して」『経営哲学論集』第25号, pp. 158-161。

高尾義明 (2009)「経営理念の組織論的再検討」京都大学京セラ経営哲学寄付講座編『経営哲学を展開する』文眞堂, pp. 58-87。

高尾義明 (2010)「経営理念は役に立つのか―経営理念と成果についての先行研究か

らの考察」『経営哲学』第7巻2号，pp. 38-51。

高尾義明・王英燕（2011）「経営理念の浸透次元と影響要因─組織ルーティン論からのアプローチ」『組織科学』第44号第4巻，pp. 52-66。

高尾義明・王英燕（2012）『経営理念の浸透─アイデンティティ・プロセスからの実証分析』有斐閣。

高田馨（1978）『経営目的論』千倉書房。

田中茂範・深谷昌弘（1998）『意味づけ論の展開─情況編成・コトバ・会話』紀伊国屋書店。

田中雅子（2006）『ミッションマネジメントの理論と実践─経営理念の実現に向けて』中央経済社。

田中雅子（2009）「理念浸透に関する研究の今後の展望─定性的調査に向けた本質的方法論の提案」『産業・社会・人間』（羽衣国際大学）第12号，pp. 101-111。

田中雅子（2011）「理念浸透における中間管理者と組織文化の役割─ローランド株式会社の部門別調査をもとに」『経営哲学』第8巻1号，pp. 45-53。

田中雅子（2012a）「理念浸透プロセスの具体化と精緻化─3つのモデルを検討材料に」『経営哲学』第9巻1号，pp. 21-31。

田中雅子（2012b）「高尾義明・王英燕著『経営理念の浸透─アイデンティティ・プロセスからの実証分析』」『日本労働研究雑誌』第629号，pp. 89-91。

田中雅子（2013）「経営理念の内容表現が理念浸透に与える影響」『同志社商学』第64巻第6号，pp. 277-294。

田中雅子（2014a）「若手成員の経営理念浸透プロセスとシンボルの重要性─堀場製作所の事例」『経営哲学』第11巻1号，pp. 32-46。

田中雅子（2014b）「個人における経営理念浸透プロセスの解明─経営者・役員・管理者・若手へのインタビュー調査を総合して」『経営哲学』第11巻2号，pp. 23-41。

田中雅子（2015）「経営理念浸透のメカニズムを考える」『PHP松下幸之助塾』11-12，pp. 44-48。

辻村敬三（2009）『物語を読む力を育てる学習指導論─もう一つの"読解力"を拓く』溪水社。

鳥羽欽一郎・浅野俊光（1984）「戦後日本の経営理念とその変化─経営理念調査を手がかりとして」『組織科学』第18巻第2号，pp. 37-51。

飛田努（2010）「日本企業の組織文化・経営理念と財務業績に関する実証分析—2000年代における日本的経営を考察する手掛かりとして」『立命館経営学』第48巻第5号，pp. 61-78。

中川敬一郎編（1972）『経営理念』ダイヤモンド社。

中川敬一郎（1981）『比較経営史序説』東京大学出版会。

楢崎賢吾（2010）「経営理念の内容と業績との関係についての考察—中小企業の事例による検証から」『大阪府立大学経済研究』第56巻第4号，pp. 89-108。

日本商工経済研究所（1977）「『社是・社訓』—経営者と従業員の意識全調査」『商工ジャーナル』第3巻第1号，pp. 18-65。

沼上幹（1995）「個別事例研究の妥当性について」『ビジネスレビュー』（一橋大学）第42巻第3号，pp. 55-70。

沼上幹（2000）『行為の経営学—経営学における意図せざる結果の探求』白桃書房。

野中郁次郎・加護野忠男・小松陽一・奥村昭博・坂下昭宣（1978）『組織現象の理論と測定』千倉書房。

野中郁次郎（1983）「活力の原点 日本の課長—その変貌する役割を探る」『週刊東洋経済臨時増刊近経シリーズ』No. 65, pp. 24-31。

野中郁次郎（1995）「知識創造企業の経営」『ビジネスレビュー』（一橋大学）第43巻第1号，pp. 1-7。

野中郁次郎・竹内弘高著，梅本勝博訳（1996）『知識創造企業』東洋経済新報社。

野中郁次郎（2002）『企業進化論—情報創造のマネジメント』日本経済新聞社。

野中郁次郎・紺野登（2007）『美徳の経営—Virtuous-Based Management』NTT出版。

野中郁次郎編（2012）『経営は哲学なり』ナカニシヤ出版。

野林晴彦・浅川和宏（2001）「理念浸透『5つの策』—経営理念の企業内浸透度に着目して」『慶應経営論集』第18巻第1号，pp. 37-55。

野林晴彦（2015）「理念浸透における理念内容と浸透策，浸透度，成果—企業組織を対象としたマクロレベルの実証研究」『経営戦略研究』第15号，pp. 51-72。

野林晴彦（2016）「経営理念類型化の試み—マクロ研究実施のために」『経営哲学』第13巻1号，pp. 76-87。

野村千佳子（1999）「90年代における日本企業の経営理念の状況—環境の変化と経営理念の見直しと変更」『早稲田商学』第380号，pp. 47-73。

間宏（1984）「日本の経営理念と経営組織」『組織科学』第18巻第2号, pp. 17-27。

間宏（1989）『経営社会学—現代企業の理解のために』有斐閣。

深谷昌弘・田中茂範（1996）『コトバの「意味づけ論」—日常言語の生の営み』紀伊國屋書店。

福島真人（1995）「序文—身体を社会的に構築する」福島真人編（1995）『身体の構築学—社会的学習過程としての身体技法』ひつじ書房, pp. 1-66。

福島真人（2010）『学習の生態学—リスク・実験・高信頼性』東京大学出版会。

藤本隆宏・高橋伸夫・新宅純二郎・阿部誠・粕谷誠（2005）『リサーチ・マインド 経営学研究法』有斐閣。

堀場製作所編『HORIBA Brand Book』。

堀場雅夫（1995）『イヤならやめろ！—社員と会社の新しい関係』日本経済新聞社。

槇谷正人（2012）『経営理念の機能—組織ルーティンが成長を持続させる』中央経済社。

松岡久美（1997）「経営理念の浸透レベルと浸透メカニズム—コープこうべにおける『愛と協同』」『六甲台論集—経営学編』（神戸大学）第44巻第1号, pp. 183-203。

松田良子（2002）「経営理念研究の体系的考察」『企業情報学研究』（大阪学院大学）第2巻第2号, pp. 89-101。

的場正晃（2002）「29人の経営者インタビューから見えてきたミッション経営の特徴と"人材観"」『人材教育』9月号, pp. 40-43。

水口健次監修, MCEI東京・大阪編（1988）『会社のバックボーン』プレジデント社。

水谷内徹也（1992）「経営理念序説」『富大経済論集』第38巻第2号, pp. 23-53。

水谷内徹也（1992）『日本企業の経営理念—「社会貢献」志向の経営ビジョン』同文舘出版。

水谷内徹也・村上亨編（1993）『現代企業の新展開—理念・戦略・組織』高文堂。

水谷内徹也（1997）「経営理念の創造と倫理戦略」『富大経済論集』第42巻第3号, pp. 247-262。

三井泉編（2013）『アジア企業の経営理念—生成・伝播・継承のダイナミズム』文眞堂。

三橋平（2012）「組織行動における理念の存在意義についての考察」経営哲学学会編『経営哲学の授業』PHP研究所, pp. 320-325。

森本三男（1982）「経営理念と経営行動基準」『経済と貿易』（横浜市立大学）No134, pp. 1-21。

山城章編（1972）『現代の経営理念』白桃書房。

山田幸三（1996）「経営理念の浸透と創業経営者の役割」『岡山大学経済学会雑誌』第27巻第4号, pp. 87-110。

横川雅人（2010）「現代日本企業の経営理念―『経営理念の上場企業実態調査』を踏まえて」『産研論集』（関西学院大学）第37号, pp. 125-137。

米倉誠一郎（2005）「要らないミドルは要らない。必要なミドルは永遠に必要」『OMNI-MANAGEMENT』12, pp. 2-7。

劉慧眞（1995）「経営理念の構造―その領域性と階層性について」『立命館経営学』第34巻第3号, pp. 131-157。

ローランド35周年記念誌編集委員会編（2007）『ローランド35年の歩み』ローランド株式会社。

若林満（1987）「キャリア発達に伴う職務満足度・組織コミットメントの変化について」『日本労務学会年報』pp. 105-113。

渡辺光一・岡田正大・樫尾直樹（2005）「経営理念の浸透度と企業業績の関係」『Works』第72号, pp. 17-20。

索　引

●英数
2階層型 ……………………… 15
3階層型 ……………………… 15
3つのモデル ……………… 27, 61, 103
4階層型 ……………………… 15

●あ行
アイデンティファイ ………… 93, 101
暗示効果 …………………… 147
言い伝え ………………… 124, 147
一文言一内容 ……………… 163
一文言複数内容 …………… 163
一体化 ……………… 100, 101, 109
一体感を醸成する機能 ……… 17
意図しないモデル ………… 81
意味生成 …………………… 31
意味生成モデル ………… 31, 108
意味づけ ………… 78, 80, 106, 107
インタビュー ……………… 42, 43
後ろ姿 ………………… 61, 141, 147
うねり ……………………… 186
エクセレント・カンパニー …… 2, 121, 149, 164
エピソード ………………… 150
オーナー経営者 …………… 94, 136
おまじない ……………… 147, 166

●か行
解釈 ………………………… 11

階層性 ……………………… 14, 15
会長 ………………………… 95
仮説発見型 ………………… 24
語り ………………………… 96, 125
語る ………………………… 98
環境適合機能 …………… 17, 143, 144
観察 ………………………… 59, 61
観察学習 ……… 77, 78, 79, 80, 81, 84, 90, 91, 93, 95, 100, 101
観察学習モデル …………… 29, 105
幹部研修 …………………… 177
管理者 …… 109, 123, 129, 137, 141, 170
企業内統合の原理 …… 16, 43, 164, 183
客体 ………………………… 104
客観的解釈 …………… 52, 54, 56, 60
キャリア研修 ……………… 177
共有 ………………………… 4, 10
議論 ………………… 91, 92, 101, 108
金太郎飴 …………………… 180
経営者 …… 81, 82, 88, 90, 101, 109, 122, 125, 134, 141, 169, 170, 186
経営理念 …………………… 10, 45
経営理念研修 ……………… 176
経営理念浸透 …… 66, 167, 180, 183, 184
経営理念の機能・効果 …… 16, 18, 43
経営理念の構造 …………… 145
経営理念の呼称と階層 ……… 15
経営理念の浸透レベル …… 27, 32, 111, 116, 117, 193

経営理念の定義 …………………… 13
経営理念の内容の変遷 …………… 20
経営理念の文言の機能別分類 …… 19
経営理念の理解 …………………… 173
経験 ……… 60, 61, 73, 108, 167, 168, 168
傾聴姿勢 …………………………… 128
原理・原則 …………………… 29, 80
行動先行型 ………………………… 78
呼称 ………………………………… 14
個人の経営理念浸透プロセス ‥ 109, 193
個の確立 …………………………… 184
コミュニケーション …… 124, 127, 131, 133, 147
懇親会 ……………………………… 179

● さ 行
サーバント・リーダーシップ …… 122
サラリーマン経営者 ……………… 94
参与観察 …………………………… 179
支援 ………………… 56, 61, 170, 172
仕組みづくり ……… 134, 137, 140, 147
仕事に取り組む姿勢 …………… 67, 75
社会的適応の原理 …… 17, 43, 142, 148, 164, 183
社会の公器 ……………… 2, 17, 44, 148
社葬 ………………………………… 166
周囲の期待 ………………………… 61
就活 ………………………………… 182
就職活動時 ………………………… 45
主観的解釈 ………………… 50, 54, 59
主体 ………………………………… 104
瞬時合体型 ………………………… 81
職業人生 ………………… 66, 90, 168, 178

新人研修 …………………………… 178
シンボル ……… 49, 60, 61, 109, 141, 147
成員統合機能 ……………………… 16
正当化機能 …………………… 17, 142
先行研究 …………………………… 21
洗脳 ………………………………… 180
創業者 ……………………………… 95
相互作用 …………………… 54, 60, 61
組織文化 ………… 76, 99, 137, 149, 154, 155, 182

● た 行
ダイナミックなプロセス ……… 22, 23
タイムラグ発生型 ………………… 80
他者の期待 ………………………… 56
単層型 ……………………………… 15
チーム力 …………………………… 184
強い文化 …………… 90, 91, 93, 95, 101
強い文化モデル ……… 28, 82, 84, 103
提案 ………………………………… 161
定性的研究 ………………………… 24
定性的調査 ………………………… 24
定着化 …………………… 93, 101, 109
定量的研究 ………………………… 24
転機となる経験 …… 71, 73, 74, 83, 108, 168
動機づけ機能 ……………………… 17
独自の意味 ………………………… 47

● な 行
内省的実践家 ……………………… 92
内容表現 …………………… 11, 145, 149
日常の理論 ………………………… 3

ノウブレス・オブリージュ 169

● は行
バックボーン機能 16, 146
ピア・ディスカッションモデル ... 31, 92
ビジョナリー・カンパニー 2
部下対応 74, 76, 84
複数文言 163

● ま行
学び 72, 74, 168
マネジメント 88, 91, 99, 101
面接 182
モデリング 29
モデル 141, 147
モデルケース 141
モデル構築 109, 111
文言 11, 18, 150, 163, 166, 167, 176

● や行
役員 87, 88, 90, 91, 92, 93, 101, 109

● ら行
らしさ 151, 180, 181, 185

ラベリング理論 57
リアリティ 24
リーダーシップ 91, 103, 128, 140, 147, 165, 168
理解 11
理念経営 1
理念浸透 1, 2, 3, 10, 140, 161, 163, 168, 169, 184
理念浸透研究 2, 5, 21, 22, 193
理念浸透施策 27
理念的な人物 48
理念の生成 186
理念の定義 11
理念の理解 73, 77, 84, 93, 95, 96, 106, 108
理念を浸透させる 23, 26
理念を理解する 23, 25
理念を理解する視点 193
リンキングピン 133

● わ行
わかちあい 4, 9, 161
若手 45, 109, 173

〔著者紹介〕

田中　雅子（たなか　まさこ）

帝塚山大学 経済経営学部教授，経済経営研究所所長。
日本マネジメント学会常任理事・関西部会会長。
同志社大学大学院総合政策科学研究科博士後期課程修了。博士（政策科学）。
専門は経営組織論。
主著：『ミッションマネジメントの理論と実践―経営理念の実現に向けて』（中央経済社，2006年），「経営理念浸透のメカニズムを考える」『PHP松下幸之助塾』（11-12月号，pp.44-48，2015年），「識者に学ぶ／経営理念浸透のメカニズム」『調査月報No160』（1月号，pp.36-41，2022年），「堀場製作所三代目の経営理念浸透プロセスの分析―「正統的周辺参加」理論アプローチ」『経営哲学』（第18巻2号，pp.19-36，2022年，2022年度経営哲学学会学会賞受賞）など。

経営理念浸透のメカニズム
―― 10年間の調査から見えた「わかちあい」の本質と実践

2016年10月1日　第1版第1刷発行	
2023年3月30日　第1版第7刷発行	

著　者　田　中　雅　子
発行者　山　本　　　継
発行所　㈱中央経済社
発売元　㈱中央経済グループ
　　　　パブリッシング

〒101-0051　東京都千代田区神田神保町1-31-2
電話　03（3293）3371（編集代表）
　　　03（3293）3381（営業代表）
https://www.chuokeizai.co.jp
印刷／三英印刷㈱
製本／誠 製 本㈱

©2016
Printed in Japan

＊頁の「欠落」や「順序違い」などがありましたらお取り替えいたしますので発売元までご送付ください。（送料小社負担）
ISBN978-4-502-19941-7　C3034

JCOPY〈出版者著作権管理機構委託出版物〉本書を無断で複写複製（コピー）することは，著作権法上の例外を除き，禁じられています。本書をコピーされる場合は事前に出版者著作権管理機構（JCOPY）の許諾を受けてください。
JCOPY〈https://www.jcopy.or.jp　eメール：info@jcopy.or.jp〉

スキルアップや管理職研修に大好評！

ビジネスマネジャー検定試験®
公式テキスト〈4th edition〉
—管理職のための基礎知識　　東京商工会議所［編］

管理職としての心構え，コミュニケーションスキル，業務管理のポイント，リスクマネジメントの要点が１冊で身につく！

ビジネスマネジャー検定試験®
公式問題集〈2023年版〉東京商工会議所［編］

公式テキスト 4th edition に準拠した唯一の公式問題集。
IBT・CBT の過去問題を一部抜粋して収録し，分野別形式の模擬問題も充実。

スマホでも問題演習できるアプリつき！

A5判・ソフトカバー・404頁　　A5判・ソフトカバー・196頁

中央経済社